과학* 도 독해가 먼저다

초등 6학년

교육 R&D에 앞서가는
Key 키출판사

과학도 독해가 먼저인 이유

왜 과학도 독해를 공부해야 할까요?

'과학' 교과서는 학년이 높아질수록 다루는 내용이 깊고 다양해져요.
그래서 '과학'이 점점 더 어렵고 막막하게 느껴질 수 있어요.
새로운 과학 개념과 어휘가 많아서 교과서 내용을 한 번에 이해하기 어렵거든요.
'과학'을 쉽고 재미있게 공부하기 위해서는
먼저 중요한 개념과 어휘를 익힌 다음 독해하는 연습이 필요해요.

국어 과목만 독해 연습을 해야 하는 게 아니에요.
낯선 개념과 알아야 할 어휘가 많은 '과학'도 독해 연습이 꼭 필요해요.
〈과학도 독해가 먼저다〉의 단계적인 독해 연습으로
어렵던 '과학'이 쉽고 재미있어져요!

왜 과학은 개념과 어휘를 익혀야 할까요?

'과학'은 수학처럼 기초가 중요한 과목이에요.
개념이 촘촘하게 연결되어 있고 학년이 올라갈수록 내용의 깊이와 폭이 확장되기
때문에 앞의 내용을 이해하지 못하면 뒤의 내용을 이해하기가 어려워요.
그래서 '과학'을 처음 배울 때부터 개념 하나하나를 제대로 이해하는 것이 중요해요.
그림과 함께 체계적으로 잘 정리된 개념을 익히면 과학을 쉽게 공부할 수 있어요.

'과학'은 개념을 이해하는 것이 무엇보다 중요해요.
낯설고 어려운 교과 내용도 개념만 잡으면 척척 이해할 수 있어요.
〈과학도 독해가 먼저다〉의 체계적인 개념 학습으로
알쏭달쏭하던 '과학'의 개념이 명쾌하게 정리돼요!

개념을 잡아서 독해와 교과 공부를 한 번에 끝내는 교과 독해 프로그램
〈과학도 독해가 먼저다〉로 공부해야 하는 이유입니다.

〈과학도 독해가 먼저다〉가 특별한 이유

교과서가 쉬워진다!

6학년 과학 교과서 내용을
한 권에 담았어요.

6학년 과학 교과서

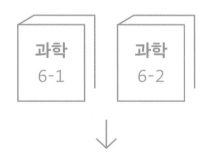

핵심 내용을 한 권에

개념이 잡힌다!

복잡한 교과 개념을 그림으로
한눈에 볼 수 있게 담았어요.

교과서 지문

개념을 잡아 기억하기 쉽게

개념-어휘-독해 3단계 완성

개념 그림으로 쉽게

↓

어휘 문장으로 똑똑하게

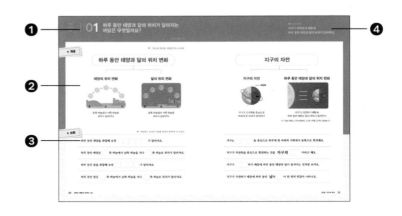

↓

독해 읽기+쓰기로 확실하게

서술형 쓰기까지!

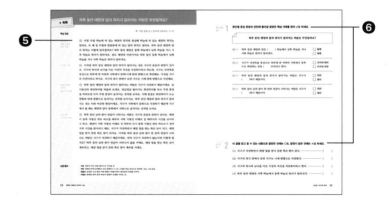

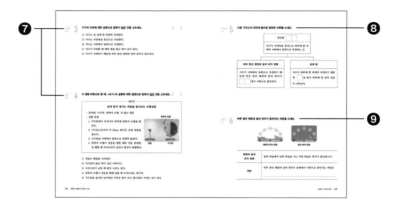

❶ 제목부터 읽어요!
- 알고자 하는 것이 무엇인지 파악할 수 있어요.

❷ 그림으로 개념을 잡아요!
- 핵심 개념을 한눈에 파악하고 그림 덩어리로 기억할 수 있어요.

❸ 문장으로 개념 어휘를 익혀요!
- 어휘를 문장에 직접 넣어 보며 개념을 확실하게 다질 수 있어요.

❹ 한 문장으로 개념을 정리해요!
- 핵심 개념을 한 문장으로 명확하게 정리하여 이해할 수 있어요.

❺ 핵심 개념을 확인하며 글을 읽어요!
- 문단 요약어로 지문에서 다루는 핵심 개념을 미리 확인할 수 있어요.
- 교과서 여러 쪽에 흩어져 있는 내용을 한 편의 지문에 짜임새 있게 담아, 핵심 개념을 분명하게 이해하고 글의 구조를 파악하며 효과적으로 글을 읽을 수 있어요.

❻ 기본 독해력을 키워요!
- **핵심 어휘 찾기**: 독해 지문의 문단별 중심 문장을 확인하고, 중심 문장에 들어갈 핵심 어휘를 찾을 수 있어요.
- **바르게 읽기**: 주어진 지문을 바르게 읽으며 내용을 있는 그대로 정확하게 파악하는 '사실적 이해' 능력을 키울 수 있어요.

❼ 심화 독해력을 키워요!
- **자세히 읽기**: 지문 내용을 자세히 파고들어 읽으며 글의 세부 내용을 구체적으로 파악하는 '분석적 이해' 능력을 키울 수 있어요.
- **깊이 읽기**: <보기> 글과 연결해서 읽으며 주어진 정보를 근거로 삼아 다른 판단을 이끌어 내는 '추론적 이해' 능력을 키울 수 있어요.

❽ 구조도로 요약해요!
- **요약하여 쓰기** [단답형]: 지문을 구조화한 도표 안에 알맞은 어휘를 채우면서 글의 내용을 짜임새 있게 정리할 수 있어요.

❾ 서술형 쓰기까지 익혀요!
- **서술형 쓰기** [서술형]: 이해한 내용을 의도에 맞게 논리적으로 서술하면서 지식을 풀어 쓰는 능력을 키우고 학습 내용을 자기 것으로 만들 수 있어요.

차례

과학도 독해가 먼저다
독해력 높이는
3단계 공부법

쓱 그림을 봐!

핵심 개념이 한눈에 담길 거야.

콕콕 개념 어휘를 넣어 봐!

문장 속 빈칸에 들어갈 말이 바로
공부할 내용의 핵심이 되는 말이야.
한 글자 한 글자 쓰다 보면 개념이 콕콕 박힐 거야.

한 번에 쫙
글을 읽은 후 꼼꼼하게 확인해!

눈에 힘을 딱 주고 집중해서 한 번에 지문을 읽어!
문제를 풀면서 다시 한 번 지문을 꼼꼼하게 확인하고
구조도로 글의 전체 구조와 핵심 내용을 정리하면
지문 내용을 완벽하게 내 것으로 만들 수 있어.

어때, 자신 있지?
과학 독해 공부, 시작해 볼까!

1 단원

지구와 우주

01 하루 동안 태양과 달의 위치가 달라지는 까닭은 무엇일까요?

정답과 해설 1쪽

✦ 개념

▼ 그림으로 중요한 개념을 만나 보세요.

하루 동안 태양과 달의 위치 변화

태양의 위치 변화

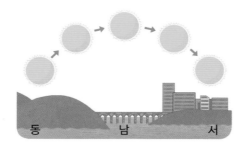

동쪽 하늘에서 서쪽 하늘로
위치가 달라진다

달의 위치 변화

동쪽 하늘에서 서쪽 하늘로
위치가 달라진다

✦ 어휘

▼ 개념에서 살펴본 어휘를 문장의 빈칸에 써 보세요.

하루 동안 태양을 관찰해 보면 〔　　　　　〕가 달라져요.

하루 동안 태양은 〔　〕쪽 하늘에서 남쪽 하늘을 지나 〔　〕쪽 하늘로 위치가 달라져요.

하루 동안 달을 관찰해 보면 〔　　　　〕가 달라져요.

하루 동안 달은 〔　〕쪽 하늘에서 남쪽 하늘을 지나 〔　〕쪽 하늘로 위치가 달라져요.

지구가 자전하기 때문에
하루 동안 태양과 달의 위치가 달라져요.

지구의 자전

지구의 자전

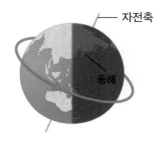

지구가 자전축을 중심으로
하루에 한 바퀴씩 회전한다

하루 동안 태양과 달의 위치 변화

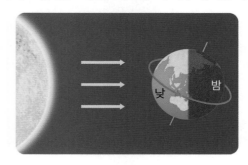

지구가 자전하기 때문에
하루 동안 태양과 달의 위치가 달라진다

* 이 그림은 태양과 지구의 상대적인 크기와 거리를 고려하지 않았습니다.

지구는 [ ]을 중심으로 하루에 한 바퀴씩 서쪽에서 동쪽으로 회전해요.

지구가 자전축을 중심으로 회전하는 것을 **지구의** [ ]이라고 해요.

지구가 [ ]하기 때문에 하루 동안 태양과 달이 움직이는 것처럼 보여요.

지구가 자전하기 때문에 하루 동안 **낮**과 [ ]이 한 번씩 번갈아 나타나요.

하루 동안 태양과 달의 위치가 달라지는 까닭은 무엇일까요?

▼ 다음 글을 읽고 물음에 답하세요. (1~6)

핵심 개념

하루 동안
태양과 달의
위치 변화

지구의 자전

태양과 달의
위치가
달라지는 까닭

낮과 밤이
나타나는 까닭

❶ 아침 무렵 하늘에 떠 있는 태양의 위치와 점심때 하늘에 떠 있는 태양의 위치는 달라요. 또 해 질 무렵과 한밤중에 떠 있는 달의 위치도 달라요. 하루 동안 태양과 달의 위치는 어떻게 달라질까요? 하루 동안 태양은 동쪽 하늘에서 남쪽 하늘을 지나 서쪽 하늘로 위치가 달라져요. 달도 태양과 마찬가지로 하루 동안 동쪽 하늘에서 남쪽 하늘을 지나 서쪽 하늘로 위치가 달라져요.

❷ 이처럼 하루 동안 태양과 달의 위치가 달라지는 것은 지구의 운동과 관련이 있어요. 지구의 북극과 남극을 이은 가상의 직선을 자전축이라고 하는데, 지구는 자전축을 중심으로 하루에 한 바퀴씩 서쪽에서 동쪽(시계 반대 방향)으로 회전해요. 이것을 지구의 자전이라고 하지요. 지구의 북극 위에서 보면 지구는 시계 반대 방향으로 자전해요.

❸ 하루 동안 태양과 달의 위치가 달라지는 까닭은 지구가 자전하기 때문이에요. 놀이동산의 회전목마를 떠올려 보세요. 빙글빙글 돌아가는 회전목마를 타고 주변 풍경을 바라보면 마치 주변 풍경이 움직이는 것처럼 보여요. 이때 풍경은 회전목마가 도는 방향과 반대 방향으로 움직이는 것처럼 보이지요. 하루 동안 태양과 달의 위치가 달라지는 것도 이와 비슷한 현상이에요. 지구가 서쪽에서 동쪽으로 자전하기 때문에 지구에서 볼 때는 태양과 달이 동쪽에서 서쪽으로 움직이는 것처럼 보여요.

❹ 하루 동안 낮과 밤이 번갈아 나타나는 까닭도 지구의 운동과 관련이 있어요. 태양이 동쪽 지평선 위로 떠오를 때부터 서쪽 지평선 아래로 질 때까지의 시간을 낮이라고 하고, 태양이 서쪽 지평선 아래로 진 뒤부터 다시 동쪽 지평선 위로 떠오르기 전까지의 시간을 밤이라고 해요. 지구가 자전하면서 태양 빛을 받는 쪽은 낮이 되고, 태양 빛을 받지 못한 쪽은 밤이 되지요. 이처럼 하루 동안 낮과 밤이 한 번씩 번갈아 나타나는 까닭은 지구가 자전하기 때문이에요. 만약 지구가 자전하지 않는다면 어떻게 될까요? 하루 동안 낮과 밤이 번갈아 나타나지 않을 거예요. 태양 빛을 받는 쪽은 낮이 계속되고, 태양 빛을 받지 못한 쪽은 밤이 계속될 거예요.

낱말 풀이

• **가상** 진짜가 아닌 것을 생각으로 지어낸 것.
• **자전** 천체(우주에 존재하는 모든 물체)가 스스로 고정된 축을 중심으로 회전함. 또는 그런 운동.
• **번갈다** 일정한 시간 동안 어떤 행동이 되풀이되어 대상들의 차례를 바꾸다.
• **지평선** 편평한 땅의 끝과 하늘이 맞닿아 경계를 이루는 선.

1 문단별 중심 문장의 빈칸에 들어갈 알맞은 핵심 어휘를 찾아 √표 하세요.

하루 동안 태양과 달의 위치가 달라지는 까닭은 무엇일까요?

❶문단	하루 동안 태양과 달은 (　　　) 하늘에서 남쪽 하늘을 지나 서쪽 하늘로 위치가 달라진다.	☐ 동쪽 ☐ 북쪽
❷문단	지구가 자전축을 중심으로 하루에 한 바퀴씩 서쪽에서 동쪽으로 회전하는 것을 (　　　)(이)라고 한다.	☐ 지구의 위치 ☐ 지구의 자전
❸문단	하루 동안 태양과 달의 위치가 달라지는 까닭은 지구가 (　　　)하기 때문이다.	☐ 자전 ☐ 정지
❹문단	하루 동안 낮과 밤이 한 번씩 번갈아 나타나는 까닭은 지구가 (　　　)하기 때문이다.	☐ 자전 ☐ 정지

2 이 글을 읽고 알 수 있는 내용으로 알맞은 것에는 ○표, 알맞지 않은 것에는 ✕표 하세요.

(1) 지구가 자전하면서 태양 빛을 받지 못한 쪽은 밤이 된다. ─────── (　　)

(2) 지구의 북극 위에서 보면 지구는 시계 방향으로 자전한다. ─────── (　　)

(3) 지구의 북극과 남극을 이은 가상의 직선을 자전축이라고 한다. ─────── (　　)

(4) 하루 동안 태양은 서쪽 하늘에서 동쪽 하늘로 위치가 달라진다. ─────── (　　)

3 **지구의 자전에 대한 설명으로 알맞지 <u>않은</u> 것을 고르세요.** ( )

① 지구는 일 년에 한 바퀴씩 자전한다.

② 지구는 자전축을 중심으로 자전한다.

③ 지구는 서쪽에서 동쪽으로 자전한다.

④ 지구가 자전할 때 태양 빛을 받는 쪽이 낮이 된다.

⑤ 지구가 자전하기 때문에 하루 동안 태양과 달의 위치가 달라진다.

4 **이 글을 바탕으로 할 때, <보기>의 실험에 대한 설명으로 알맞지 <u>않은</u> 것을 고르세요.** ( )

〈보기〉

낮과 밤이 생기는 까닭을 알아보는 모형실험

– 준비물: 지구본, 관측자 모형, 갓 없는 전등

– 실험 과정

　1. 지구본에서 우리나라 위치에 관측자 모형을 붙인다.

　2. 지구본으로부터 약 30cm 떨어진 곳에 전등을 놓는다.

　3. 지구본을 서쪽에서 동쪽으로 천천히 돌린다.

　4. 관측자 모형이 전등을 향할 때와 전등 반대편을 향할 때 우리나라가 낮인지 밤인지 관찰한다.

① 전등은 태양을 나타낸다.

② 지구본의 밝은 쪽이 낮인 지역이다.

③ 우리나라가 낮일 때 밤인 나라도 있다.

④ 관측자 모형이 전등을 향해 있을 때 우리나라는 밤이다.

⑤ 지구본을 돌리면 낮이었던 지역은 밤이 되고 밤이었던 지역은 낮이 된다.

5 다음 구조도의 빈칸에 들어갈 알맞은 어휘를 쓰세요.

지구의 [____]

지구가 자전축을 중심으로 하루에 한 바퀴씩 서쪽에서 동쪽으로 회전하는 것

하루 동안 태양과 달의 위치 변화

지구가 서쪽에서 동쪽으로 자전하기 때문에 하루 동안 태양과 달의 위치가 [____]에서 서쪽으로 달라진다.

낮과 밤

지구가 하루에 한 바퀴씩 자전하기 때문에 [____]과 밤이 하루에 한 번씩 번갈아 나타난다.

6 하루 동안 태양과 달의 위치가 달라지는 까닭을 쓰세요.

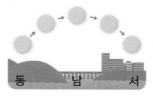

태양의 위치 변화

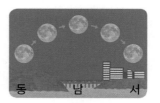

달의 위치 변화

태양과 달의 위치 변화	동쪽 하늘에서 남쪽 하늘을 지나 서쪽 하늘로 위치가 달라집니다.
까닭	하루 동안 태양과 달의 위치가 동쪽에서 서쪽으로 달라지는 까닭은 -

✦ 개념

▼ 그림으로 중요한 개념을 만나 보세요.

계절별 대표적인 별자리

봄	여름	가을	겨울

사자자리	거문고자리	페가수스자리	오리온자리

* 이 그림은 별자리의 상대적인 크기를 고려하지 않았습니다.

✦ 어휘

▼ 개념에서 살펴본 어휘를 문장의 빈칸에 써 보세요.

봄철 대표적인 별자리에는 ☐☐☐☐ 등이 있어요.

여름철 대표적인 별자리에는 ☐☐☐☐☐ 등이 있어요.

가을철 대표적인 별자리에는 ☐☐☐☐☐ 등이 있어요.

겨울철 대표적인 별자리에는 ☐☐☐☐ 등이 있어요.

지구가 공전하기 때문에
계절에 따라 보이는 별자리가 달라져요.

지구의 공전

지구의 공전

지구가 태양을 중심으로
일 년에 한 바퀴씩 회전한다

계절별 별자리 변화

지구가 공전하기 때문에
계절에 따라 보이는 별자리가 달라진다

* 이 그림은 태양과 지구의 상대적인 크기와 거리, 별자리의 상대적인 크기를 고려하지 않았습니다.

지구는 [   ]을 중심으로 일 년에 한 바퀴씩 서쪽에서 동쪽으로 회전해요.

지구가 태양을 중심으로 회전하는 것을 **지구의** [   ]이라고 해요.

지구가 [   ]하기 때문에 계절에 따라 지구의 위치가 달라져요.

지구의 위치가 달라지면 계절에 따라 보이는 [   ]가 달라져요.

계절에 따라 보이는 별자리가 달라지는 까닭은 무엇일까요?

핵심 개념

**계절별
대표적인 별자리**

❶ 봄이 되면 밤하늘에서 사자자리를 저녁부터 새벽까지 오랜 시간 볼 수 있어요. 이처럼 어느 계절에 오랜 시간 볼 수 있는 별자리를 계절별 대표적인 별자리라고 해요. 저녁 9시 무렵에 남쪽 하늘에서 볼 수 있는 별자리들은 밤하늘에서 볼 수 있는 시간이 길기 때문에 그 계절의 대표적인 별자리가 돼요.

❷ 계절에 따라 밤하늘에 보이는 대표적인 별자리는 달라져요. 봄에는 사자자리, 목동자리, 처녀자리 등을 오래 볼 수 있고, 여름에는 거문고자리, 백조자리, 독수리자리 등을 오래 볼 수 있어요. 또 가을에는 페가수스자리, 물고기자리, 안드로메다자리 등을 오래 볼 수 있고, 겨울에는 오리온자리, 큰개자리, 쌍둥이자리 등을 오래 볼 수 있지요.

지구의 공전

❸ 이처럼 계절에 따라 보이는 별자리가 달라지는 것은 지구의 운동과 관련이 있어요. 지구는 자전하면서 동시에 태양을 중심으로 공전하고 있어요. 지구가 태양을 중심으로 일 년에 한 바퀴씩 서쪽에서 동쪽(시계 반대 방향)으로 회전하는 것을 지구의 공전이라고 해요.

**계절에 따라
보이는 별자리가
달라지는 까닭**

❹ 계절에 따라 보이는 별자리가 달라지는 까닭은 지구가 공전하기 때문이에요. 지구가 태양 주위를 공전하기 때문에 계절에 따라 지구의 위치가 달라지고, 지구의 위치가 달라지면 밤하늘에 보이는 별자리도 달라져요. 예를 들어 여름철 밤하늘에는 거문고자리 등이 보이고, 겨울철 밤하늘에는 오리온자리 등이 보여요. 그런데 이때 태양과 같은 방향에 있는 별자리는 태양 빛 때문에 볼 수 없어요. 예를 들어 여름철에는 오리온자리가 태양과 같은 방향에 있어서 태양 빛 때문에 볼 수 없고, 겨울철에는 거문고자리가 태양과 같은 방향에 있어서 태양 빛 때문에 볼 수 없어요.

지구의 공전에 따른 계절별 별자리 변화

**별자리를 볼 수
있는 기간**

❺ 계절별 대표적인 별자리는 그 계절에만 볼 수 있는 것이 아니라 두 계절이나 세 계절에 걸쳐 볼 수 있어요. 예를 들어 사자자리는 겨울, 봄, 여름 세 계절에 걸쳐 볼 수 있어요. 사자자리는 봄철 대표적인 별자리이지만 같은 시각 겨울철에는 동쪽 하늘에서 볼 수 있고, 여름철에는 서쪽 하늘에서 볼 수 있답니다.

낱말 풀이

• **페가수스** 그리스 신화에 나오는 날개가 달린 말.
• **안드로메다** 그리스 신화에 나오는 에티오피아의 공주.
• **오리온** 그리스 신화에 나오는 거인 사냥꾼.

1 문단별 중심 문장의 빈칸에 들어갈 알맞은 핵심 어휘를 찾아 √표 하세요.

> 계절에 따라 보이는 별자리가 달라지는 까닭은 무엇일까요?

❶문단	어느 계절에 (　　　) 시간 볼 수 있는 별자리를 계절별 대표적인 별자리라고 한다.	☐ 오랜 ☐ 짧은
❷문단	계절에 따라 밤하늘에 보이는 대표적인 별자리는 (　　　).	☐ 달라진다 ☐ 달라지지 않는다
❸문단	지구가 태양을 중심으로 일 년에 한 바퀴씩 서쪽에서 동쪽으로 회전하는 것을 (　　　)이라고 한다.	☐ 지구의 공전 ☐ 지구의 자전
❹문단	계절에 따라 보이는 별자리가 달라지는 까닭은 지구가 (　　　)하기 때문이다.	☐ 공전 ☐ 자전
❺문단	계절별 대표적인 별자리는 그 계절에만 볼 수 있는 것이 아니라 두 계절이나 (　　　)에 걸쳐 볼 수 있다.	☐ 네 계절 ☐ 세 계절

2 이 글을 읽고 알 수 있는 내용으로 알맞은 것에는 ○표, 알맞지 않은 것에는 ✕표 하세요.

(1) 여름철에는 오리온자리를 볼 수 없다. ──────────────── (　　)

(2) 봄철 대표적인 별자리인 사자자리는 봄에만 볼 수 있다. ──────── (　　)

(3) 지구가 자전하기 때문에 계절에 따라 지구의 위치가 달라진다. ──────── (　　)

(4) 가을에는 페가수스자리, 물고기자리, 안드로메다자리 등을 오래 볼 수 있다. ·· (　　)

자세히
읽기

3 지구의 공전에 대한 설명으로 알맞지 <u>않은</u> 것을 고르세요. (　　)

① 지구는 태양을 중심으로 공전한다.

② 지구는 일 년에 한 바퀴씩 공전한다.

③ 지구는 동쪽에서 서쪽으로 공전한다.

④ 지구는 자전하면서 동시에 공전한다.

⑤ 지구가 공전하기 때문에 계절별 대표적인 별자리가 달라진다.

깊이
읽기

4 이 글을 바탕으로 할 때, <보기>의 실험에 대한 설명으로 알맞지 <u>않은</u> 것을 고르세요. (　　)

─── 〈보기〉 ───

계절에 따라 보이는 별자리가 달라지는 까닭을 알아보는 실험

1. 책상 중앙에 전등을 놓고, 우리나라 위치에 관측자 모형을 붙인 지구본을 전등으로 부터 약 30cm 떨어진 곳에 놓는다.

2. 각 계절별 대표적인 별자리 카드를 든 네 사람이 시계 반대 방향으로 계절 순서에 맞게 앉는다.

3. 전등을 중심으로 지구본을 시계 반대 방향으로 회전시키면서, (가), (나), (다), (라) 의 각 위치에서 관측자 모형이 가장 잘 볼 수 있는 별자리를 찾아본다.

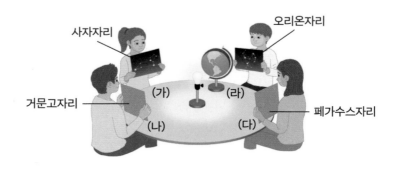

① 전등은 태양, 지구본은 지구를 나타낸다.

② 지구본의 위치에 따라 가장 잘 볼 수 있는 별자리가 다르다.

③ 지구본이 (가) 위치에 있을 때 가장 잘 볼 수 있는 별자리는 사자자리이다.

④ 지구본이 (다) 위치에 있을 때 가장 잘 볼 수 있는 별자리는 페가수스자리이다.

⑤ 지구본이 (라) 위치에 있을 때 거문고자리는 전등과 반대 방향에 있어서 전등 빛 때문에 볼 수 없다.

요약하여 쓰기 **5** **다음 구조도의 빈칸에 들어갈 알맞은 어휘를 쓰세요.**

지구의 □ □

지구가 태양을 중심으로 일 년에 한 바퀴씩 서쪽에서 동쪽으로 회전하는 것

계절별 대표적인 □ □ □

- 봄: 사자자리 등
- 여름: 거문고자리 등
- 가을: 페가수스자리 등
- 겨울: 오리온자리 등

계절에 따라 보이는 별자리가 달라지는 까닭

지구가 공전하기 때문에 □ □ 에 따라 지구의 위치가 달라지고, 보이는 별자리도 달라진다.

서술형 쓰기 **6** **계절에 따라 보이는 별자리가 달라지는 까닭을 쓰세요.**

	봄	여름	가을	겨울
계절별 대표적인 별자리	 사자자리	거문고자리	 페가수스자리	오리온자리
계절에 따라 보이는 별자리가 달라지는 까닭				

03 여러 날 동안 달의 모양과 위치는 어떻게 달라질까요?

정답과 해설 3쪽

✦ 개념

▼ 그림으로 중요한 개념을 만나 보세요.

달의 모양 변화

초승달 ⟶ 상현달 ⟶ 보름달 ⟶ 하현달 ⟶ 그믐달

| 음력 2~3일 무렵 | 음력 7~8일 무렵 | 음력 15일 무렵 | 음력 22~23일 무렵 | 음력 27~28일 무렵 |

✦ 어휘

▼ 개념에서 살펴본 어휘를 문장의 빈칸에 써 보세요.

여러 날 동안 달을 관찰하면 **달의 모양**이 달라져요.

달의 모양은 초승달, 상현달, 보름달, 하현달, ☐☐☐ 순서로 변해요.

초승달에서 점점 커져서 ☐☐☐ 이 되고, 보름달이 돼요.

보름달이 된 뒤에는 점점 작아져 ☐☐☐ 이 되고, 그믐달이 돼요.

달의 위치 변화

여러 날 동안 같은 시각에 달을 관찰하면 **달의 위치**가 달라져요.

태양이 진 직후에 〔　　　〕은 서쪽 하늘에서 보여요.

태양이 진 직후에 〔　　　〕은 남쪽 하늘에서 보여요.

태양이 진 직후에 〔　　　〕은 동쪽 하늘에서 보여요.

여러 날 동안 달의 모양과 위치는 어떻게 달라질까요?

핵심 개념

달의 모양에
따른 이름

달의 모양 변화

달의 위치 변화

달의 모양과
위치 변화

▼ 다음 글을 읽고 물음에 답하세요. (1~6)

❶ 날마다 달을 관찰하면 달의 모양이 달라지는 것을 알 수 있어요. 달이 눈썹 모양일 때도 있고 둥근 모양일 때도 있어요. 달은 모양에 따라 부르는 이름이 다른데, 달의 오른쪽이 가느다란 눈썹 모양처럼 생긴 달을 초승달, 오른쪽이 불룩한 달을 상현달이라고 해요. 그리고 공처럼 둥근 달을 보름달, 왼쪽이 불룩한 달을 하현달, 왼쪽이 가느다란 눈썹 모양처럼 생긴 달을 그믐달이라고 하지요.

❷ 여러 날 동안 달의 모양은 어떻게 달라질까요? 여러 날 동안 달을 관찰하면 달의 모양이 조금씩 변하는데, 초승달에서 점점 커져서 상현달이 되고, 상현달에서 점점 커져서 보름달이 돼요. 보름달이 된 뒤에는 점점 작아져 차례로 하현달, 그믐달이 돼요. 이처럼 달의 모양은 약 30일을 주기로 초승달, 상현달, 보름달, 하현달, 그믐달의 순서로 변해요. 달의 모양이 주기적으로 변하는 것을 이용하여 만든 달력을 음력이라고 하는데, 음력 2~3일 무렵에는 초승달, 음력 7~8일 무렵에는 상현달을 볼 수 있어요. 그리고 음력 15일 무렵에는 보름달, 음력 22~23일 무렵에는 하현달, 음력 27~28일 무렵에는 그믐달을 볼 수 있어요. 만약 오늘 밤에 보름달을 보았다면 약 30일 후에 다시 보름달을 볼 수 있지요.

달의 모양 변화

❸ 여러 날 동안 같은 시각에 달을 관찰하면 달의 모양뿐만 아니라 위치도 달라지는 것을 알 수 있어요. 달의 위치는 어떻게 달라질까요? 여러 날 동안 태양이 진 직후에 달을 관찰하면 초승달은 서쪽 하늘에서 보이고, 상현달은 남쪽 하늘에서 보이고, 보름달은 동쪽 하늘에서 보여요. 여러 날 동안 같은 시각에 관찰한 달의 위치는 서쪽에서 동쪽으로 날마다 조금씩 옮겨 가요.

❹ 이렇게 여러 날 동안 같은 시각, 같은 장소에서 달을 관찰하면 달의 모양과 위치가 매일 조금씩 달라진다는 것을 알 수 있어요. 달의 모양과 위치 변화는 약 30일을 주기로 반복된답니다.

낱말 풀이

• **불룩하다** 물체의 거죽이 크게 두드러지거나 쑥 내밀려 있다.
• **주기** 같은 현상이나 특징이 한 번 나타나고부터 다음번 되풀이되기까지의 기간.
• **시각** 시간의 어느 한 시점.

1 문단별 중심 문장의 빈칸에 들어갈 알맞은 핵심 어휘를 찾아 √표 하세요.

> 여러 날 동안 달의 모양과 위치는 어떻게 달라질까요?

❶문단　달은 (　　　)에 따라 부르는 이름이 다르다.

☐ 모양
☐ 위치

❷문단　(　　　)은 약 30일을 주기로 초승달, 상현달, 보름달, 하현달, 그믐달의 순서로 변한다.

☐ 달의 모양
☐ 지구의 모양

❸문단　여러 날 동안 같은 시각에 관찰한 달의 위치는 (　　　)에서 동쪽으로 날마다 조금씩 옮겨 간다.

☐ 북쪽
☐ 서쪽

❹문단　여러 날 동안 같은 시각, 같은 장소에서 달을 관찰하면 달의 모양과 (　　　)가 매일 조금씩 달라진다.

☐ 위치
☐ 크기

2 이 글을 읽고 알 수 있는 내용으로 알맞은 것에는 ○표, 알맞지 않은 것에는 ✕표 하세요.

(1) 왼쪽이 볼록한 달을 상현달이라고 한다. ─────────────── (　　)

(2) 태양이 진 직후 초승달은 동쪽 하늘에서 보인다. ─────────── (　　)

(3) 왼쪽이 가느다란 눈썹 모양처럼 생긴 달을 그믐달이라고 한다. ───── (　　)

(4) 달은 보름달이 된 뒤에는 점점 작아져 차례로 하현달, 그믐달이 된다. ──── (　　)

3 달의 이름과 그 달을 관측할 수 있는 날짜가 알맞게 짝지어진 것을 고르세요. ( )

	달의 이름		관측할 수 있는 날짜
①	그믐달	–	음력 27~28일 무렵
②	보름달	–	음력 2~3일 무렵
③	상현달	–	음력 22~23일 무렵
④	초승달	–	음력 15일 무렵
⑤	하현달	–	음력 7~8일 무렵

4 이 글을 바탕으로 <보기>를 이해한 내용으로 알맞지 <u>않은</u> 것을 고르세요. ( )

― 〈보기〉 ―

달의 모양과 위치 관측 보고서

관측 기간	○월 ○○일 ~ ○월 ○○일
관측 장소	마을 동산
관측 시각	저녁 7시
관측 결과	

① 여러 날 동안 같은 시각에 관측한 내용이다.

② 달의 모양이 초승달에서 상현달, 보름달로 변했다.

③ 여러 날 동안 달을 관측하면 달의 모양이 변하는 것을 알 수 있다.

④ 여러 날 동안 관측한 달의 위치는 서쪽에서 동쪽으로 날마다 조금씩 옮겨 갔다.

⑤ 관측을 시작한 날로부터 약 30일 뒤에 같은 장소, 같은 시각에 관측할 수 있는 달은 보름달이다.

다음 구조도의 빈칸에 들어갈 알맞은 어휘를 쓰세요.

┌─────────────────────────────────────┐
│   여러 날 동안 달의 모양과 위치 변화   │
└─────────────────────────────────────┘

달의 모양 변화	달의 위치 변화
초승달(음력 2~3일 무렵) ↓ 상현달(음력 7~8일 무렵) ↓ ☐☐☐(음력 15일 무렵) ↓ 하현달(음력 22~23일 무렵) ↓ 그믐달(음력 27~28일 무렵)	여러 날 동안 같은 시각에 관찰한 달의 위치는 ☐☐에서 동쪽으로 날마다 조금씩 옮겨 간다. 예) 태양이 진 직후 달의 위치 변화 초승달: 서쪽 하늘 → 상현달: 남쪽 하늘 → 보름달: ☐☐ 하늘

여러 날 동안 태양이 진 직후에 달을 관측했을 때 달이 보이는 순서대로 기호를 쓰고, 각 달이 어디에서 보이는지 달의 위치 변화를 쓰세요.

(가)	(나)	(다)
보름달	상현달	초승달

달이 보이는 순서	(다) → _____ → _____
달의 위치 변화	

04 하루 동안 태양 고도, 그림자 길이, 기온은 어떤 관계가 있을까요?

정답과 해설 4쪽

✦ 개념

▼ 그림으로 중요한 개념을 만나 보세요.

태양 고도

태양 고도가 낮을 때

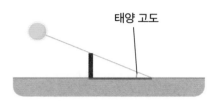

태양 고도

태양이 지표면과 이루는
각이 작다

태양 고도가 높을 때

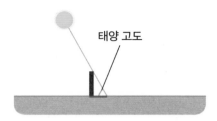

태양 고도

태양이 지표면과 이루는
각이 크다

✦ 어휘

▼ 개념에서 살펴본 어휘를 문장의 빈칸에 써 보세요.

태양의 높이는 **태양 고도**를 이용해 나타낼 수 있어요.

_____는 태양이 지표면과 이루는 각을 말해요.

태양 고도가 낮을 때는 태양이 지표면과 이루는 각이 ___ 아 요.

태양 고도가 높을 때는 태양이 지표면과 이루는 각이 ___ 요.

태양 고도, 그림자 길이, 기온의 관계

태양이 **남중**할 때
태양 고도가 가장 높다

**태양 고도가 높아지면
그림자 길이는 짧아지고 기온은 높아진다**

태양이 정남쪽에 위치할 때 태양이 **남중**했다고 해요.

태양이 [   ]할 때 태양 고도는 하루 중 가장 높아요.

태양 고도가 높아지면 그림자 길이는 [   ] 져 요.

태양 고도가 높아지면 기온은 [   ] 져 요.

하루 동안 태양 고도, 그림자 길이, 기온은 어떤 관계가 있을까요?

▼ 다음 글을 읽고 물음에 답하세요. (1~6)

핵심 개념

태양 고도

태양 고도,
그림자 길이,
기온 측정하기

태양 고도,
그림자 길이,
기온의 변화

태양 고도,
그림자 길이,
기온의 관계

❶ 아침에는 지표면 가까이 떠 있던 태양이 점심에는 하늘 높이 떠 있는 것을 볼 수 있어요. 이처럼 하루 동안 태양의 높이가 달라지는데, 태양의 높이는 태양 고도를 이용하여 나타낼 수 있어요. 태양 고도란 태양이 지표면과 이루는 각을 말해요. 태양 고도가 낮을 때는 태양이 지표면과 이루는 각이 작지만, 태양 고도가 높을 때는 태양이 지표면과 이루는 각이 커요.

❷ 하루 동안 태양 고도, 그림자 길이, 기온이 어떻게 변하는지 측정해 볼까요? 태양 고도와 그림자 길이는 태양 고도 측정기를 이용해 측정하고, 기온은 백엽상의 온도계로 측정해요. 먼저 태양 고도 측정기를 햇빛이 잘 드는 편평한 곳에 놓아요. 실을 막대기의 그림자 끝에 맞춘 뒤 그림자와 실이 이루는 각을 각도기로 측정하면 태양 고도를 알 수 있어요. 그런 다음 태양 고도 측정기의 자를 이용하여 막대기의 그림자 길이를 측정하고, 같은 시각에 기온을 측정해요. 이렇게 하루 동안 일정한 시간 간격으로 태양 고도, 그림자 길이, 기온을 측정하고 그 값을 기록한 뒤, 측정 결과를 그래프로 나타내면 서로 어떤 관계인지 알 수 있어요.

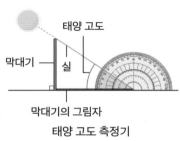

태양 고도 측정기

❸ 하루 동안 태양 고도, 그림자 길이, 기온은 어떻게 달라질까요? 하루 동안 태양 고도는 점점 높아졌다가 다시 낮아져요. 태양이 정남쪽에 위치할 때 태양이 남중했다고 하며, 이때의 태양 고도를 태양의 남중 고도라고 해요. 태양은 오후 12시 30분 무렵에 남중하는데, 태양이 남중했을 때 태양 고도는 하루 중 가장 높아요. 한편 하루 동안 그림자 길이는 점점 짧아졌다가 다시 길어져요. 태양이 남중했을 때 그림자는 정북쪽을 향하고 그림자 길이는 하루 중 가장 짧아요. 하루 동안 기온은 점점 높아졌다가 다시 낮아지지요.

❹ 그렇다면 태양 고도, 그림자 길이, 기온은 어떤 관계가 있을까요? 태양 고도가 높아지면 그림자 길이는 짧아지고 기온은 높아져요. 하지만 태양 고도가 가장 높은 때와 기온이 가장 높은 때는 시간 차이가 있어요. 태양 고도가 높아질수록 지표면이 더 많이 데워지는데, 지표면이 데워져 공기의 온도가 높아지는 데에는 시간이 걸리기 때문이에요. 하루 중 기온이 가장 높은 시각은 태양이 남중한 시각보다 약 두 시간 뒤예요.

낱말 풀이

• **백엽상** 온도계, 습도계, 기압계 등 기상 관측용 기구가 설치되어 있는, 조그만 집 모양의 흰색 나무 상자.
• **정남** 똑바른 남쪽. 또는 그런 방향.

1 문단별 중심 문장의 빈칸에 들어갈 알맞은 핵심 어휘를 찾아 √표 하세요.

하루 동안 태양 고도, 그림자 길이, 기온은 어떤 관계가 있을까요?

❶문단 (   )란 태양이 지표면과 이루는 각을 말한다.

☐ 태양 고도
☐ 태양의 남중 고도

❷문단 태양 고도와 (   )는 태양 고도 측정기를 이용해 측정하고, 기온은 백엽상의 온도계로 측정한다.

☐ 그림자 길이
☐ 그림자 진하기

❸문단 태양이 정남쪽에 위치할 때 태양이 남중했다고 하며, 이때의 태양 고도를 (   )라고 한다.

☐ 태양의 높이
☐ 태양의 남중 고도

❹문단 태양 고도가 높아지면 그림자 길이는 (   ) 기온은 높아진다.

☐ 길어지고
☐ 짧아지고

2 이 글을 읽고 알 수 있는 내용으로 알맞은 것에는 ○표, 알맞지 않은 것에는 ✕표 하세요.

(1) 태양이 정북쪽에 위치할 때 태양이 남중했다고 한다. ⋯⋯⋯⋯⋯⋯ (   )

(2) 태양이 남중했을 때 그림자 길이는 하루 중 가장 길다. ⋯⋯⋯⋯⋯⋯ (   )

(3) 하루 동안 태양 고도는 점점 높아졌다가 다시 낮아진다. ⋯⋯⋯⋯⋯⋯ (   )

(4) 태양 고도가 높을 때는 태양이 지표면과 이루는 각이 크다. ⋯⋯⋯⋯⋯⋯ (   )

3 태양 고도에 대한 설명으로 알맞지 <u>않은</u> 것을 고르세요. ( )

① 태양이 지표면과 이루는 각이다.

② 태양이 남중했을 때 태양 고도는 하루 중 가장 낮다.

③ 태양의 높이는 태양 고도를 이용하여 나타낼 수 있다.

④ 태양 고도가 낮을 때는 태양이 지표면과 이루는 각이 작다.

⑤ 태양이 정남쪽에 위치할 때 태양 고도를 태양의 남중 고도라고 한다.

4 <보기>의 그래프를 보고 알 수 있는 내용으로 알맞지 <u>않은</u> 것을 고르세요. ( )

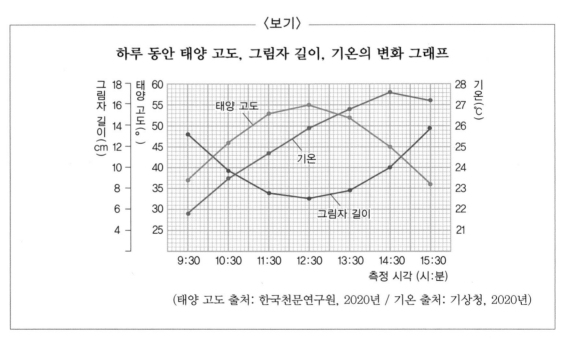

① 태양 고도가 높아지면 기온은 높아진다.

② 태양 고도가 높아지면 그림자 길이는 짧아진다.

③ 하루 중 태양 고도는 12시 30분 무렵에 가장 높다.

④ 하루 동안 그림자 길이는 점점 짧아졌다가 다시 길어진다.

⑤ 하루 중 태양 고도가 가장 높은 때와 기온이 가장 높은 때는 같다.

5 다음 구조도의 빈칸에 들어갈 알맞은 어휘를 쓰세요.

하루 동안
태양 고도, 그림자 길이, 기온의 관계

태양 고도
– 태양 고도: 태양이 [ ][ ][ ] 과 이루는 각 – 태양의 [ ][ ][ ][ ]: 태 양이 남중했을 때의 태양 고도

태양 고도, 그림자 길이, 기온의 관계
– 태양 고도가 높아지면 그림자 길이 는 짧아지고 [ ][ ]은 높아진 다. – 태양 고도가 가장 높은 때와 기온이 가장 높은 때는 시간 차이가 있다.

6 그림에서 ㉠이 나타내는 것이 무엇인지 쓰고, 하루 동안 ㉠이 높아지면 그림자 길이와 기온이 어떻게 되는지 쓰세요.

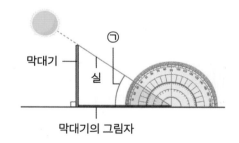

막대기
㉠
실
막대기의 그림자

㉠이 나타내는 것	- - - - - - - - - - - - - -
그림자 길이와 기온의 변화	- -

05 계절에 따라 태양의 남중 고도, 낮의 길이, 기온은 어떻게 달라질까요?

✦ 개념

▼ 그림으로 중요한 개념을 만나 보세요.

태양의 남중 고도와 낮의 길이

여름

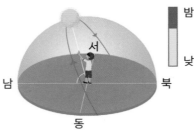

태양의 남중 고도가 높고
낮의 길이가 길다

겨울

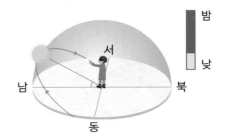

태양의 남중 고도가 낮고
낮의 길이가 짧다

✦ 어휘

▼ 개념에서 살펴본 어휘를 문장의 빈칸에 써 보세요.

여름에는 태양의 남중 고도가 [ ][아][요].

태양의 남중 고도가 높은 여름에는 낮의 길이가 [ ][어][요].

겨울에는 태양의 남중 고도가 [ ][아][요].

태양의 남중 고도가 낮은 겨울에는 낮의 길이가 [ ][아][요].

계절에 따라 태양의 남중 고도가 달라지고,
태양의 남중 고도에 따라 낮의 길이와 기온이 달라져요.

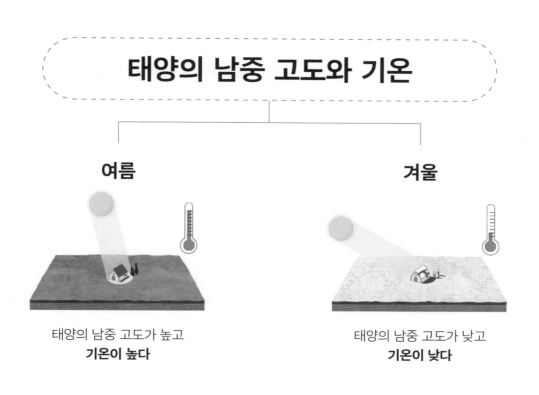

태양의 남중 고도와 기온

여름

태양의 남중 고도가 높고
기온이 높다

겨울

태양의 남중 고도가 낮고
기온이 낮다

☐ 에는 태양의 남중 고도가 높아요.

태양의 남중 고도가 높은 여름에는 기온이 ☐ 아 요 .

☐ 에는 태양의 남중 고도가 낮아요.

태양의 남중 고도가 낮은 겨울에는 기온이 ☐ 아 요 .

계절에 따라 태양의 남중 고도, 낮의 길이, 기온은 어떻게 달라질까요?

핵심 개념

계절에 따른
태양의
남중 고도 변화

태양의
남중 고도와
낮의 길이

태양의
남중 고도와
기온

태양의
남중 고도에 따른
태양 에너지양

▼ 다음 글을 읽고 물음에 답하세요. (1~6)

❶ 태양의 남중 고도는 계절에 따라 달라져요. 여름에 태양의 남중 고도가 가장 높고, 겨울에 태양의 남중 고도가 가장 낮아요. 봄, 가을은 여름과 겨울의 중간 정도예요. 여름에는 낮에 햇빛이 교실 안까지 들어오지 않지만, 겨울에는 낮에 햇빛이 교실 안까지 들어오는 것은 이 때문이지요.

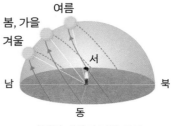

계절별 태양의 남중 고도

❷ 태양의 남중 고도가 높아질수록 낮의 길이는 길어져요. 태양의 남중 고도가 높은 여름에는 태양이 지평선 위로 떠 있는 시간이 길어 낮의 길이가 길고, 태양의 남중 고도가 낮은 겨울에는 태양이 지평선 위로 떠 있는 시간이 짧아 낮의 길이가 짧아요. 여름에는 저녁 7시까지도 밖이 훤하지만 겨울에는 저녁 5시만 되어도 어둑어둑한 것은 이 때문이에요.

❸ 태양의 남중 고도에 따라 기온도 달라져요. 태양의 남중 고도가 높아지면 일정한 면적의 지표면에 도달하는 태양 에너지양이 많아져요. 지표면에 도달하는 태양 에너지양이 많아지면 지표면이 많이 데워져 기온이 높아져요. 반대로 태양의 남중 고도가 낮아지면 일정한 면적의 지표면에 도달하는 태양 에너지양이 적어지고, 지표면에 도달하는 태양 에너지양이 적어지면 지표면이 적게 데워져 기온이 낮아져요. 따라서 태양의 남중 고도가 높은 여름에는 기온이 높고, 태양의 남중 고도가 낮은 겨울에는 기온이 낮아요.

❹ 태양의 남중 고도에 따라 태양 에너지양이 어떻게 변하는지 모형실험을 통해 알아볼 수 있어요. 태양 전지판과 소리 발생기를 전선으로 연결하여 소리 발생 장치를 만들어요. 전등과 태양 전지판이 이루는 각을 조절하면서 소리의 크기를 비교해 보면, 전등과 태양 전지판이 이루는 각이 클 때 소리 발생기에서 나는 소리가 크고, 전등과 태양 전지판이 이루는 각이 작을 때 소리 발생기에서 나는 소리가 작아요. 전등과 태양 전지판이 이루는 각이 클수록 빛이 좁은 면적을 비추므로 일정한 면적의 태양 전지판에 도달하는 에너지양이 많아지기 때문이에요.

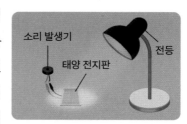

소리 발생 장치

• **태양 전지판** 태양열을 모아 전력(전류가 단위 시간에 하는 일)으로 사용할 수 있도록 제작한 타일 형태의 실리콘 판.

1 문단별 중심 문장의 빈칸에 들어갈 알맞은 핵심 어휘를 찾아 √표 하세요.

> 계절에 따라 태양의 남중 고도, 낮의 길이, 기온은 어떻게 달라질까요?

❶문단 여름에 태양의 남중 고도가 가장 높고, 겨울에 태양의 남중 고도가 가장 (　　　).
- ☐ 낮다
- ☐ 높다

❷문단 태양의 남중 고도가 높은 여름에는 낮의 길이가 길고, 태양의 남중 고도가 낮은 겨울에는 낮의 길이가 (　　　).
- ☐ 길다
- ☐ 짧다

❸문단 태양의 남중 고도가 높은 여름에는 기온이 높고, 태양의 남중 고도가 낮은 겨울에는 기온이 (　　　).
- ☐ 낮다
- ☐ 높다

❹문단 전등과 태양 전지판이 이루는 각이 클 때 소리 발생기에서 나는 소리가 (　　　).
- ☐ 작다
- ☐ 크다

2 이 글을 읽고 알 수 있는 내용으로 알맞은 것에는 ○표, 알맞지 않은 것에는 ×표 하세요.

(1) 계절에 따라 태양의 남중 고도가 달라진다. ┄┄┄┄┄┄┄┄┄┄┄┄┄┄ (　　　)

(2) 태양의 남중 고도가 높아질수록 낮의 길이는 짧아진다. ┄┄┄┄┄┄┄ (　　　)

(3) 지표면에 도달하는 태양 에너지양이 많아지면 지표면이 적게 데워진다. ┄┄ (　　　)

(4) 태양의 남중 고도가 높아지면 일정한 면적의 지표면에 도달하는 태양 에너지양이 많아진다. ┄┄┄┄┄┄┄┄┄┄┄┄┄┄┄┄┄┄┄┄ (　　　)

3 계절에 따른 태양의 남중 고도, 낮의 길이, 기온에 대한 설명으로 알맞지 <u>않은</u> 것을 고르세요.
( )

① 기온은 여름에 가장 높다.

② 낮의 길이는 여름에 가장 길다.

③ 낮의 길이는 겨울에 가장 짧다.

④ 태양의 남중 고도는 여름에 가장 높다.

⑤ 태양의 남중 고도는 가을에 가장 낮다.

4 이 글을 바탕으로 <보기>를 이해한 내용으로 알맞지 <u>않은</u> 것을 고르세요.
( )

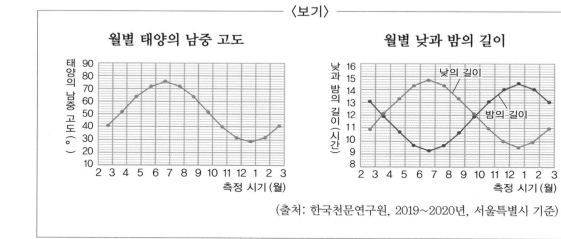

〈보기〉

(출처: 한국천문연구원, 2019~2020년, 서울특별시 기준)

① 낮의 길이는 6~7월에 가장 길다.

② 태양의 남중 고도는 6~7월에 가장 높다.

③ 태양의 남중 고도가 높아질수록 낮의 길이는 길어진다.

④ 여름에서 겨울로 갈수록 태양의 남중 고도는 낮아진다.

⑤ 여름에서 겨울로 갈수록 낮의 길이는 길어지고 밤의 길이는 짧아진다.

다음 구조도의 빈칸에 들어갈 알맞은 어휘를 쓰세요.

> 계절에 따른 태양의 남중 고도,
> 낮의 길이, 기온의 변화

태양의 남중 고도와 낮의 길이	태양의 남중 고도와 기온
– 여름: 태양의 남중 고도가 높은 여름에는 낮의 길이가 ☐ ☐ . – 겨울: 태양의 남중 고도가 낮은 겨울에는 낮의 길이가 ☐ ☐ .	– 여름: 태양의 남중 고도가 높은 여름에는 기온이 ☐ ☐ . – 겨울: 태양의 남중 고도가 낮은 겨울에는 기온이 ☐ ☐ .

태양의 남중 고도가 높아질수록 기온이 높아지는 까닭을 지표면에 도달하는 태양 에너지양과 관련지어 쓰세요.

태양의 남중 고도가
낮을 때

태양의 남중 고도가
높을 때

〈조건〉
1. 주어진 어휘를 모두 넣어 쓰세요.
   (면적) (지표면)
   (태양 에너지양)
2. 한 문장으로 쓰세요.

태양의 남중 고도가 높아질수록 기온이 높아지는 까닭	태양의 남중 고도가 높아질수록 - - - - - - - - - - - - - - - - - - - - - - - - - - - - - - - - - - - - - - - - - - - -

✦ 개념

▼ 그림으로 중요한 개념을 만나 보세요.

자전축의 기울기와 태양의 남중 고도

자전축이 수직인 채 공전할 때

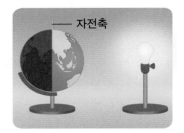

태양의 남중 고도가
일정하다

자전축이 기울어진 채 공전할 때

태양의 남중 고도가
달라진다

✦ 어휘

▼ 개념에서 살펴본 어휘를 문장의 빈칸에 써 보세요.

지구본의 자전축이 ☐☐ 인 채 공전하게 해요.

지구본의 자전축이 수직인 채 공전하면 태양의 남중 고도가 ☐☐ 해 요.

지구본의 자전축이 ☐☐ 어 진 채 공전하게 해요.

지구본의 자전축이 기울어진 채 공전하면 태양의 남중 고도가 ☐☐ 져 요.

계절의 변화는 지구의 자전축이 기울어진 채
태양 주위를 공전하기 때문에 생겨요.

계절의 변화가 생기는 까닭

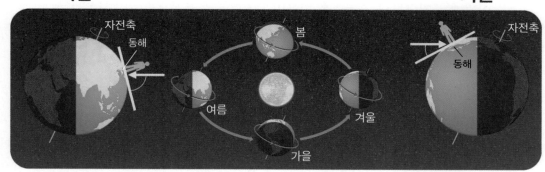

여름
태양의 남중 고도가
높다

겨울
태양의 남중 고도가
낮다

**지구의 자전축이 기울어진 채
태양 주위를 공전하기 때문에 계절이 변한다**

* 이 그림은 태양과 지구의 상대적인 크기와 거리를 고려하지 않았습니다.

지구는 자전축이 **기울어진** 채 태양 주위를 공전해요.

지구가 공전하면 지구의 위치에 따라 태양의 ⬚⬚⬚⬚ 가 달라져 계절이 변해요.

여름에 북반구에서는 태양의 남중 고도가 ⬚아요 .

겨울에 북반구에서는 태양의 남중 고도가 ⬚아요 .

계절의 변화가 생기는 까닭은 무엇일까요?

▼ 다음 글을 읽고 물음에 답하세요. (1~6)

❶ 우리나라는 봄, 여름, 가을, 겨울 사계절이 일 년마다 반복되고, 계절에 따라 자연의 모습과 우리의 생활 모습도 달라져요. 이처럼 계절의 변화가 생기는 까닭은 무엇인지 실험을 통해 알아볼 수 있어요. 먼저 태양 고도 측정기를 지구본의 우리나라 위치에 붙여요. 지구본의 자전축을 수직으로 맞추고 전등으로부터 30cm 정도 떨어진 곳에 둬요. 그런 다음 전등을 중심으로 지구본을 시계 반대 방향으로 회전시키면서 각 위치에서 태양의 남중 고도를 측정해요. 지구본의 자전축이 수직인 채 공전하면 지구본의 위치와 관계없이 태양의 남중 고도는 일정해요.

❷ 이번에는 지구본의 자전축을 기울인 뒤, 전등을 중심으로 지구본을 시계 반대 방향으로 회전시키면서 각 위치에서 태양의 남중 고도를 측정해요. 지구본의 자전축이 기울어진 채 공전하면 지구본의 위치에 따라 태양의 남중 고도가 달라져요.

❸ 실제 지구는 자전축이 기울어진 채 공전하고 있어요. 자전축이 기울어진 채 지구가 태양 주위를 공전하면 지구의 위치에 따라 태양의 남중 고도가 달라져요. 태양의 남중 고도가 달라지면 일정한 면적의 지표면이 받는 태양 에너지양이 달라져 기온이 변하고 계절의 변화가 생겨요. 즉 계절의 변화는 지구의 자전축이 기울어진 채 태양 주위를 공전하기 때문에 생겨요. 만약 지구의 자전축이 수직이거나 지구가 태양 주위를 공전하지 않는다면 계절의 변화가 생기지 않을 거예요.

❹ 지구가 공전할 때 지구 자전축이 기울어진 방향이 태양을 향하는 위치에서는 여름이 되고, 지구 자전축이 기울어진 방향이 태양의 반대 방향을 향하는 위치에서는 겨울이 돼요. 우리나라는 북반구에 위치해 있는데, 여름에 북반구에서는 태양의 남중 고도가 높고, 겨울에 북반구에서는 태양의 남중 고도가 낮아요. 뉴질랜드와 같이 남반구에 있는 나라의 계절은 우리나라와 반대예요. 북반구에서 여름일 때 남반구에서는 태양의 남중 고도가 낮기 때문이에요. 따라서 우리나라가 여름일 때 뉴질랜드는 겨울이 돼요.

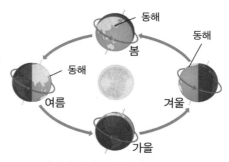

지구의 위치에 따른 계절의 변화

낱말 풀이

• **수직** 직선과 직선, 직선과 평면, 평면과 평면 등이 서로 만나 직각을 이루는 상태.
• **북반구** 적도를 경계로 지구를 둘로 나누었을 때의 북쪽 부분.

1 문단별 중심 문장의 빈칸에 들어갈 알맞은 핵심 어휘를 찾아 √표 하세요.

> ### 계절의 변화가 생기는 까닭은 무엇일까요?

❶문단 지구본의 자전축이 (　　　) 채 공전하면 태양의 남중 고도는 일정하다.
- [ ] 수직인
- [ ] 기울어진

❷문단 지구본의 자전축이 (　　　) 채 공전하면 태양의 남중 고도가 달라진다.
- [ ] 수직인
- [ ] 기울어진

❸문단 계절의 변화는 지구의 자전축이 기울어진 채 태양 주위를 (　　　)하기 때문에 생긴다.
- [ ] 공전
- [ ] 자전

❹문단 여름에 북반구에서는 태양의 남중 고도가 높고, 겨울에 북반구에서는 태양의 남중 고도가 (　　　).
- [ ] 낮다
- [ ] 높다

2 이 글을 읽고 알 수 있는 내용으로 알맞은 것에는 ○표, 알맞지 않은 것에는 ×표 하세요.

(1) 지구는 자전축이 수직인 채 공전하고 있다. ──────────── (　　)

(2) 지구가 공전할 때 지구의 위치에 따라 태양의 남중 고도가 달라진다. ───── (　　)

(3) 지구 자전축이 기울어진 방향이 태양을 향하는 위치에서는 겨울이 된다. ─── (　　)

(4) 태양의 남중 고도가 달라지면 일정한 면적의 지표면이 받는 태양 에너지양이 달라진다. ─────────────────────────── (　　)

3 지구의 자전축이 기울어진 채 태양 주위를 공전하기 때문에 나타나는 현상으로 알맞은 것을 고르세요. ( )

① 기온이 일정하다.

② 계절이 변하지 않는다.

③ 그림자 길이가 일정하다.

④ 낮과 밤의 길이가 일정하다.

⑤ 태양의 남중 고도가 달라진다.

4 이 글을 바탕으로 <보기>를 이해한 내용으로 알맞지 <u>않은</u> 것을 고르세요. ( )

〈보기〉

1. 지구본의 우리나라 위치에 태양 고도 측정기를 붙이고, 지구본을 전등으로부터 30cm 정도 떨어진 곳에 둔다.

2. 지구본의 자전축을 수직으로 맞추고 전등을 중심으로 지구본을 시계 반대 방향으로 이동하며 태양의 남중 고도를 측정한다.

3. 지구본의 자전축을 23.5° 기울인 뒤 전등을 중심으로 지구본을 시계 반대 방향으로 이동하며 태양의 남중 고도를 측정한다.

㉠ 지구본의 자전축이 수직일 때

㉡ 지구본의 자전축이 기울어져 있을 때

① 계절의 변화가 나타나는 경우는 ㉡이다.

② 실험에서 다르게 한 조건은 지구본의 이동 방향이다.

③ 지구본의 자전축이 기울어져 있을 때 태양의 남중 고도는 달라진다.

④ 지구본의 자전축이 수직일 때 각 위치에서 측정한 태양의 남중 고도는 모두 같다.

⑤ 전등과 지구본 사이의 거리, 태양 고도 측정기를 붙이는 위치는 실험에서 같게 한 조건이다.

다음 구조도의 빈칸에 들어갈 알맞은 어휘를 쓰세요.

계절의 변화가 생기는 까닭
지구의 [   ]이 기울어진 채 태양 주위를 공전하기 때문에 계절의 변화가 생긴다.

자전축의 기울기와 태양의 남중 고도	계절에 따른 태양의 남중 고도
– 자전축이 [ ]인 채 공전할 때: 태양의 남중 고도가 일정하다. – 자전축이 기울어진 채 공전할 때: 태양의 남중 고도가 달라진다.	– 여름: 북반구에서 태양의 남중 고도가 [ ]. – 겨울: 북반구에서 태양의 남중 고도가 낮다.

지구의 위치가 (가)~(라)일 때 우리나라의 계절과 계절의 변화가 생기는 까닭을 쓰세요.

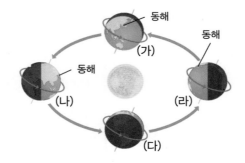

지구의 위치	(가)	(나)	(다)	(라)
우리나라의 계절				
계절의 변화가 생기는 까닭				

▼ 다음 글을 읽고 물음에 답하세요. (1~3)

(가) 하루 동안 태양 고도, 그림자 길이, 기온의
      변화 그래프

(나) 계절별 태양의 남중 고도

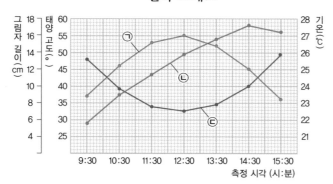

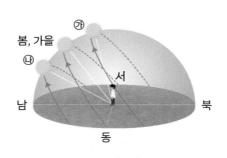

(다) 하루 동안 태양 고도는 점점 높아졌다가 다시 낮아져요. 태양이 정남쪽에 위치할 때 태양이 남중했다고 하며, 이때의 태양 고도를 태양의 남중 고도라고 해요. 태양은 오후 12시

---

1 (다)를 바탕으로 할 때, (가)의 ㉠~㉢에 해당하는 것이 알맞게 짝지어진 것을 고르세요. (   )

	㉠	㉡	㉢
①	기온	태양 고도	그림자 길이
②	기온	그림자 길이	태양 고도
③	태양 고도	기온	그림자 길이
④	태양 고도	그림자 길이	기온
⑤	그림자 길이	태양 고도	기온

---

2 (라)를 바탕으로 할 때, (나)의 ㉮와 ㉯에 대한 설명으로 알맞지 <u>않은</u> 것을 고르세요. (   )

① ㉮는 여름에 해당한다.

② ㉯는 겨울에 해당한다.

③ ㉮일 때가 ㉯일 때보다 기온이 높다.

④ ㉯일 때가 ㉮일 때보다 낮의 길이가 짧다.

⑤ 태양의 남중 고도가 가장 높은 계절은 ㉯이다.

30분 무렵에 남중하는데, 태양이 남중했을 때 태양 고도는 하루 중 가장 높아요. 그리고 태양이 남중했을 때 그림자는 정북쪽을 향하고 그림자 길이는 하루 중 가장 짧아요.

태양 고도가 높아지면 그림자 길이는 짧아지고 기온은 높아져요. 하지만 태양 고도가 가장 높은 때와 기온이 가장 높은 때는 시간 차이가 있어요. 태양 고도가 높아질수록 지표면이 더 많이 데워지는데, 지표면이 데워져 공기의 온도가 높아지는 데에는 시간이 걸리기 때문이에요. 하루 중 기온이 가장 높은 시각은 태양이 남중한 시각보다 약 두 시간 뒤예요.

(라) 태양의 남중 고도는 계절에 따라 달라지는데, 여름에 태양의 남중 고도가 가장 높고 겨울에 태양의 남중 고도가 가장 낮아요. 태양의 남중 고도가 높은 여름에는 낮의 길이가 길고, 태양의 남중 고도가 낮은 겨울에는 낮의 길이가 짧아요. 태양의 남중 고도가 높은 여름에는 기온이 높고, 태양의 남중 고도가 낮은 겨울에는 기온이 낮아요.

3 〈보기〉의 빈칸에 들어갈 알맞은 말을 고르세요. (   )

〈보기〉

우리나라 고유의 방식으로 지은 집인 한옥에는 처마가 있습니다. 처마는 지붕이 집의 기둥 밖으로 뻗어 나온 부분을 말합니다. 한옥의 처마는 (   )을 고려하여 만들었습니다. 우리나라의 경우 여름에는 태양의 남중 고도가 높고 겨울에는 태양의 남중 고도가 낮습니다. 따라서 여름에는 처마가 집 안으로 들어오는 햇빛을 막아 집 안을 시원하게 합니다. 반대로 겨울에는 햇빛이 집 안까지 들어오도록 하여 집 안을 따뜻하게 합니다.

여름   겨울

① 하루 동안 태양의 고도가 달라지는 것

② 하루 동안 그림자 길이가 달라지는 것

③ 태양 고도에 따라 기온이 높아지는 것

④ 일 년 내내 태양의 남중 고도가 일정한 것

⑤ 계절에 따라 태양의 남중 고도가 달라지는 것

▼ 문장의 빈칸에 들어갈 알맞은 어휘를 보기 에서 골라 쓰세요. (1~6)

01 하루 동안 태양과 달의 위치가 달라지는 까닭은   보기 **동쪽 / 북쪽 / 지구의 공전 / 지구의 자전**
무엇일까요?

(1) 하루 동안 태양과 달은 (   ) 하늘에서 남쪽 하늘을 지나 서쪽 하늘로 위치가 달라진다.

(2) 지구가 자전축을 중심으로 하루에 한 바퀴씩 서쪽에서 동쪽으로 회전하는 것을 (   )
이라고 한다.

02 계절에 따라 보이는 별자리가 달라지는 까닭은   보기 **별자리 / 지구의 공전 / 지구의 자전 / 태양**
무엇일까요?

(1) 지구가 태양을 중심으로 일 년에 한 바퀴씩 서쪽에서 동쪽으로 회전하는 것을 (   )
(이)라고 한다.

(2) 지구가 공전하기 때문에 계절에 따라 지구의 위치가 달라지고, 보이는 (   )도 달라진다.

03 여러 날 동안 달의 모양과 위치는 어떻게 달라질까요? 보기 **남쪽 / 달의 모양 / 달의 위치 / 서쪽**

(1) (   )은/는 약 30일을 주기로 초승달, 상현달, 보름달, 하현달, 그믐달의 순서로 변한다.

(2) 여러 날 동안 같은 시각에 관찰한 달의 위치는 (   )에서 동쪽으로 날마다 조금씩 옮겨 간다.

04 하루 동안 태양 고도, 그림자 길이, 기온은   보기 **그림자 길이 / 기온 / 남중 고도 / 태양 고도**
어떤 관계가 있을까요?

(1) (   )(이)란 태양이 지표면과 이루는 각을 말한다.

(2) 태양 고도가 높아지면 (   )은/는 짧아지고 기온은 높아진다.

05 계절에 따라 태양의 남중 고도, 낮의 길이, 기온은   보기 **길다 / 낮다 / 높다 / 짧다**
어떻게 달라질까요?

(1) 여름에 태양의 남중 고도가 가장 높고, 겨울에 태양의 남중 고도가 가장 (   ).

(2) 여름에는 낮의 길이가 길고, 겨울에는 낮의 길이가 (   ).

06 계절의 변화가 생기는 까닭은 무엇일까요?   보기 **겨울 / 공전 / 여름 / 자전**

(1) 계절의 변화는 지구의 자전축이 기울어진 채 태양 주위를 (   )하기 때문에 생긴다.

(2) 북반구에서는 (   )에 태양의 남중 고도가 높고, 겨울에 태양의 남중 고도가 낮다.

물질

공부할 내용	교과 연계	공부한 날	스스로 평가
01 산소와 이산화 탄소는 어떤 성질이 있을까요?		___월 ___일	☺ 😐 ☹
02 온도와 압력이 변하면 기체의 부피는 어떻게 달라질까요?	〈과학 6-1〉 '여러 가지 기체' 단원	___월 ___일	☺ 😐 ☹
03 공기를 이루는 기체에는 무엇이 있을까요?		___월 ___일	☺ 😐 ☹
04 물질이 타려면 무엇이 필요할까요?		___월 ___일	☺ 😐 ☹
05 불을 끄려면 어떻게 해야 할까요?	〈과학 6-2〉 '연소와 소화' 단원	___월 ___일	☺ 😐 ☹
06 화재가 발생하면 어떻게 대처해야 할까요?		___월 ___일	☺ 😐 ☹
▶ 확인 학습 융합 독해 / 개념 정리		___월 ___일	☺ 😐 ☹

01 산소와 이산화 탄소는 어떤 성질이 있을까요?

정답과 해설 8쪽

✦ 개념

▼ 그림으로 중요한 개념을 만나 보세요.

산소의 성질

색깔과 냄새가
없다

다른 물질이 타는 것을
돕는다

금속을
녹슬게 한다

✦ 어휘

▼ 개념에서 살펴본 어휘를 문장의 빈칸에 써 보세요.

⬚⬚는 여러 가지 성질이 있어요.

산소는 ⬚⬚과 냄새가 없어요.

산소는 다른 물질이 타는 것을 ⬚와 요.

산소는 ⬚⬚을 녹슬게 해요.

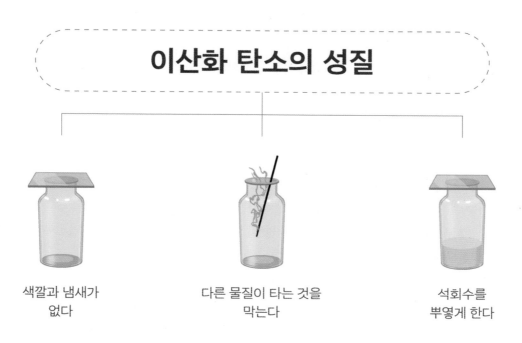

이산화 탄소의 성질

색깔과 냄새가
없다

다른 물질이 타는 것을
막는다

석회수를
뿌옇게 한다

☐☐☐ ☐☐ 는 여러 가지 성질이 있어요.

이산화 탄소는 색깔과 ☐☐ 가 없어요.

이산화 탄소는 다른 물질이 타는 것을 ☐ 아 요 .

이산화 탄소는 ☐☐☐ 를 뿌옇게 해요.

산소와 이산화 탄소는 어떤 성질이 있을까요?

▼ 다음 글을 읽고 물음에 답하세요. (1~6)

❶ 산소는 우리가 숨을 쉴 때 필요한 기체예요. 산소는 어떤 성질이 있을까요? 산소는 색깔과 냄새가 없어요. 산소는 스스로 타지 않지만 다른 물질이 타는 것을 도와요. 또 산소는 철이나 구리와 같은 금속을 녹슬게 해요.

❷ 기체 발생 장치로 산소를 발생시켜 그 성질을 알아볼 수 있어요. 이산화 망가니즈와 묽은 과산화 수소수를 이용하면 산소를 발생시킬 수 있어요. 먼저 가지 달린 삼각 플라스크에 물을 조금 넣고 이산화 망가니즈를 한 숟가락 넣은 다음 기체 발생 장치를 꾸며요. 그리고 묽은 과산화 수소수를 깔때기에 $\frac{1}{2}$ 정도 붓고, 핀치 집게를 조절하여 묽은 과산화 수소수를 조금씩 흘려 보내요. ㄱ자 유리관을 집기병 입구 가까이에 두고 집기병에 산소를 모아요. 산소가 집기병에 가득 차면 물속에서 유리판으로 집기병 입구를 막고 집기병을 꺼내요. 산소가 들어 있는 집기병 뒤에 흰 종이를 대고 색깔을 관찰하고, 집기병의 유리판을 열고 손으로 바람을 일으켜 냄새를 맡아 보면 산소는 색깔과 냄새가 없다는 것을 알 수 있어요. 또 산소가 들어 있는 집기병에 향불을 넣으면 불꽃이 커져요.

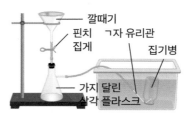

기체 발생 장치

❸ 한편 우리가 마시는 탄산음료에는 이산화 탄소가 들어 있어요. 탄산음료를 컵에 따르면 기포가 생기는데, 이 기포가 이산화 탄소예요. 이산화 탄소는 어떤 성질이 있을까요? 이산화 탄소는 색깔과 냄새가 없어요. 이산화 탄소는 다른 물질이 타는 것을 막고, 석회수를 뿌옇게 만들어요.

❹ 탄산수소 나트륨과 진한 식초를 이용하면 이산화 탄소를 발생시킬 수 있어요. 가지 달린 삼각 플라스크에 물을 조금 넣고 탄산수소 나트륨을 네다섯 숟가락 넣어요. 기체 발생 장치를 꾸미고 진한 식초를 깔때기에 $\frac{1}{2}$ 정도 부은 다음, 핀치 집게를 조절하여 진한 식초를 조금씩 흘려 보내요. ㄱ자 유리관을 집기병 입구 가까이에 두고 이산화 탄소를 모은 다음, 물속에서 유리판으로 집기병 입구를 막고 집기병을 꺼내요. 산소의 색깔과 냄새를 관찰한 것과 같은 방법으로 이산화 탄소의 색깔과 냄새를 관찰해 보면 이산화 탄소는 색깔과 냄새가 없어요. 또 이산화 탄소가 들어 있는 집기병에 향불을 넣으면 향불이 꺼지고, 이산화 탄소가 든 집기병에 석회수를 넣고 흔들면 석회수가 뿌옇게 흐려져요.

• **과산화 수소수** 과산화 수소를 물에 녹인 액체. 물과 산소로 분해되며, 3% 수용액(용매가 물인 용액)은 소독약으로 쓰인다.
• **석회수** 수산화 칼슘을 물에 녹인 무색투명한 액체. 강한 염기성을 나타내고 이산화 탄소를 만나면 뿌옇게 된다.

1 문단별 중심 문장의 빈칸에 들어갈 알맞은 핵심 어휘를 찾아 √표 하세요.

산소와 이산화 탄소는 어떤 성질이 있을까요?

---

❶문단 산소는 색깔과 냄새가 없고, 다른 물질이 타는 것을 도우며, ( )을/를 녹슬게 한다.

☐ 금속
☐ 석회수

---

❷문단 이산화 망가니즈와 묽은 과산화 수소수를 이용하면 ( ) 를 발생시킬 수 있다.

☐ 산소
☐ 이산화 탄소

---

❸문단 이산화 탄소는 색깔과 냄새가 없고, 다른 물질이 타는 것을 막으며, ( )을/를 뿌옇게 만든다.

☐ 금속
☐ 석회수

---

❹문단 탄산수소 나트륨과 진한 식초를 이용하면 ( )를 발생시킬 수 있다.

☐ 산소
☐ 이산화 탄소

---

2 이 글을 읽고 알 수 있는 내용으로 알맞은 것에는 ○표, 알맞지 않은 것에는 ×표 하세요.

(1) 산소는 우리가 숨을 쉴 때 필요하다. ──────────── ( )

(2) 탄산음료에는 이산화 탄소가 들어 있다. ──────────── ( )

(3) 이산화 탄소가 들어 있는 집기병에 향불을 넣으면 불꽃이 커진다. ──── ( )

(4) 산소가 들어 있는 집기병을 열고 손으로 바람을 일으키면 냄새가 난다. ─── ( )

3 산소의 성질로 알맞지 <u>않은</u> 것을 고르세요. ( )

① 냄새가 없다.

② 색깔이 없다.

③ 석회수를 뿌옇게 만든다.

④ 철과 같은 금속을 녹슬게 한다.

⑤ 다른 물질이 타는 것을 돕는다.

4 <보기>와 같이 기체 발생 장치로 기체를 발생시킬 때, 실험 기구 안의 물질이 알맞게 짝지어진
것을 고르세요. ( )

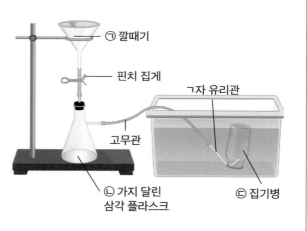

― 〈보기〉 ―

기체 발생 장치로 기체 발생시키기

기체 발생 장치의 핀치 집게를 조절하여 깔때기에 있는 액체 물질을 흘려 보내면 가지 달린 삼각 플라스크에 넣은 물질과 만나 기체가 발생합니다. 발생한 기체는 고무관을 따라 이동하여 집기병 안의 물을 밀어내며 모입니다.

- ㉠ 깔때기
- 핀치 집게
- ㄱ자 유리관
- 고무관
- ㉡ 가지 달린 삼각 플라스크
- ㉢ 집기병

	㉠에 넣는 물질	㉡에 넣는 물질	㉢에 모이는 물질
①	진한 식초	탄산수소 나트륨	산소
②	진한 식초	탄산수소 나트륨	이산화 탄소
③	탄산수소 나트륨	진한 식초	산소
④	이산화 망가니즈	묽은 과산화 수소수	이산화 탄소
⑤	묽은 과산화 수소수	이산화 망가니즈	이산화 탄소

5 다음 구조도의 빈칸에 들어갈 알맞은 어휘를 쓰세요.

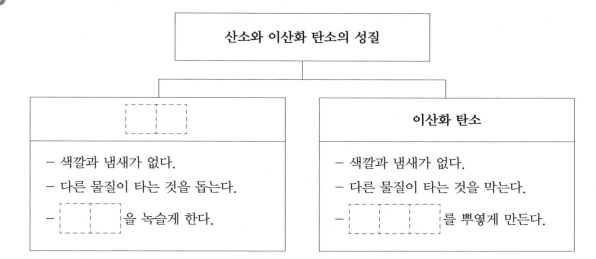

산소와 이산화 탄소의 성질	
☐☐	이산화 탄소
– 색깔과 냄새가 없다. – 다른 물질이 타는 것을 돕는다. – ☐☐☐을 녹슬게 한다.	– 색깔과 냄새가 없다. – 다른 물질이 타는 것을 막는다. – ☐☐☐를 뿌옇게 만든다.

6 이산화 탄소가 들어 있는 집기병에 향불을 넣었을 때의 실험 결과를 보고, 이를 통해 알 수 있는
이산화 탄소의 성질을 쓰세요.

기체	산소	이산화 탄소
실험 결과	불꽃이 커집니다.	불꽃이 꺼집니다.
알 수 있는 성질	다른 물질이 타는 것을 돕습니다.	

✦ 개념

▼ 그림으로 중요한 개념을 만나 보세요.

온도에 따른 기체의 부피 변화

온도가 높아질 때

— 따뜻한 물

기체의 부피가
커진다

온도가 낮아질 때

— 얼음물

기체의 부피가
작아진다

✦ 어휘

▼ 개념에서 살펴본 어휘를 문장의 빈칸에 써 보세요.

[   ] 에 따라 기체의 부피가 변해요.

일정한 압력에서 **온도**를 변화시켜요.

온도가 높아지면 기체의 부피가 [   ] 저 요 .

온도가 낮아지면 기체의 부피가 [   ] 저 요 .

압력에 따른 기체의 부피 변화

압력을 약하게 가할 때

공기

기체의 부피가
조금 작아진다

압력을 세게 가할 때

공기

기체의 부피가
많이 작아진다

[ ] 에 따라 기체의 부피가 변해요.

일정한 온도에서 기체에 가하는 **압력**을 변화시켜요.

기체에 압력을 약하게 가하면 기체의 부피가 [ ] 작아져요.

기체에 압력을 세게 가하면 기체의 부피가 [ ] 작아져요.

온도와 압력이 변하면 기체의 부피는 어떻게 달라질까요?

핵심 개념

온도에 따른 기체의 부피 변화

❶ 기체는 온도에 따라 부피가 달라져요. 온도가 높아지면 기체의 부피는 커지고, 온도가 낮아지면 기체의 부피는 작아져요. 실험을 통해 이를 확인할 수 있어요. 삼각 플라스크 입구에 고무풍선을 씌운 다음, 삼각 플라스크를 따뜻한 물에 넣으면 고무풍선이 부풀어 오르고, 얼음물에 넣으면 고무풍선이 오그라들어요. 이는 온도에 따라 고무풍선에 든 기체의 부피가 변하기 때문이에요.

온도에 따른 기체의 부피 변화의 예

❷ 온도에 따라 기체의 부피가 변하는 현상은 생활 속에서도 찾아볼 수 있어요. 뜨거운 음식을 비닐 랩으로 포장하면 비닐 랩이 볼록하게 부풀어 올라요. 그릇 안에 들어 있는 기체의 온도가 높아지면서 부피가 커지기 때문이에요. 여름철 햇빛이 비치는 곳에 과자 봉지를 두면 과자 봉지가 부풀어 오르는 것도 과자 봉지에 들어 있는 기체의 온도가 높아져 부피가 커지기 때문에 나타나는 현상이에요. 또 열기구의 풍선 속에 열을 가하면 온도가 높아지면서 공기의 부피가 커져 풍선이 부풀고, 찌그러진 탁구공을 뜨거운 물에 넣으면 탁구공 속 기체의 부피가 커져 찌그러진 부분이 펴져요.

압력에 따른 기체의 부피 변화

❸ 한편 액체는 압력을 가해도 부피가 거의 변하지 않지만, 기체는 압력을 가한 정도에 따라 부피가 달라져요. 기체에 압력을 약하게 가하면 기체의 부피가 조금 작아지고, 기체에 압력을 세게 가하면 기체의 부피가 많이 작아져요. 주사기에 공기를 넣고 입구를 막은 다음 피스톤을 약하게 누르면 피스톤이 조금 들어가고, 피스톤을 세게 누르면 피스톤이 많이 들어가는데, 이는 압력에 따라 주사기에 든 공기의 부피가 변하기 때문이에요.

압력에 따른 기체의 부피 변화의 예

❹ 압력에 따라 기체의 부피가 변하는 현상에는 어떤 것이 있을까요? 과자 봉지를 가지고 비행기에 타면 비행기가 하늘 위로 올라갈수록 과자 봉지는 더 많이 부풀어요. 이는 과자 봉지 속 기체에 가해지는 압력이 땅에서보다 하늘 위로 올라갈수록 약해지기 때문이에요. 풍선도 하늘 위로 올라갈수록 커지지요. 그리고 높은 산 정상에서 빈 페트병을 마개로 닫은 뒤, 산에서 내려오면 페트병이 찌그러져요. 왜냐하면 산 아래로 내려갈수록 페트병 안에 들어 있는 기체에 가해지는 압력이 세지기 때문이에요. 또 잠수부가 내뿜은 공기 방울의 크기는 수면으로 올라갈수록 커지는데, 수면으로 올라갈수록 공기 방울에 가해지는 압력이 약해지기 때문이에요.

낱말 풀이

• **열기구** 큰 주머니 속의 공기에 열을 가해 부피를 커지게 하여 떠오르게 만든 기구.
• **압력** 단위 면적에 수직으로 누르는 힘.
• **피스톤** 속이 빈 원통 모양의 실린더 안에서 왕복 운동을 하는, 원통이나 원판 모양으로 된 부품.

1

문단별 중심 문장의 빈칸에 들어갈 알맞은 핵심 어휘를 찾아 √표 하세요.

온도와 압력이 변하면 기체의 부피는 어떻게 달라질까요?

❶문단 온도가 높아지면 기체의 부피는 커지고, 온도가 낮아지면 기체의 부피는 (　　　).

☐ 커진다
☐ 작아진다

❷문단 (　　　)에 따라 기체의 부피가 변하는 현상에는 뜨거운 음식에 씌운 비닐 랩이 부푸는 경우 등이 있다.

☐ 압력
☐ 온도

❸문단 기체에 압력을 약하게 가하면 기체의 부피가 조금 작아지고, 압력을 세게 가하면 기체의 부피가 (　　　) 작아진다.

☐ 많이
☐ 조금

❹문단 (　　　)에 따라 기체의 부피가 변하는 현상에는 하늘 위로 올라갈수록 과자 봉지가 부푸는 경우 등이 있다.

☐ 압력
☐ 온도

2

이 글을 읽고 알 수 있는 내용으로 알맞은 것에는 ○표, 알맞지 않은 것에는 ✕표 하세요.

(1) 기체는 온도에 따라 부피가 달라진다. ———————————————— (　　　)

(2) 풍선은 하늘 위로 올라갈수록 작아진다. ———————————————— (　　　)

(3) 기체는 압력을 가한 정도에 따라 부피가 달라진다. ———————————— (　　　)

(4) 높은 산 정상에서 빈 페트병을 마개로 닫은 뒤, 산에서 내려오면 페트병이 부푼다. ———————————————————————————— (　　　)

3 온도에 따른 기체의 부피 변화와 관련된 예로 알맞지 <u>않은</u> 것을 고르세요. ( )

① 열기구의 풍선 속에 열을 가하면 풍선이 부푼다.

② 뜨거운 음식을 비닐 랩으로 포장하면 비닐 랩이 부풀어 오른다.

③ 찌그러진 탁구공을 뜨거운 물에 넣으면 찌그러진 부분이 펴진다.

④ 여름철 햇빛이 비치는 곳에 과자 봉지를 두면 과자 봉지가 부푼다.

⑤ 잠수부가 내뿜은 공기 방울의 크기는 수면으로 올라갈수록 커진다.

4 <보기>의 ㉠~㉢에 들어갈 말이 알맞게 짝지어진 것을 고르세요. ( )

─── 〈보기〉 ───

자전거나 자동차 등의 타이어에 넣는 공기의 양은 계절에 따라 다릅니다. (㉠)에 따라 타이어 속 공기의 부피가 달라지기 때문입니다. 기온이 높은 여름철에는 타이어에 공기를 가득 넣으면, 타이어 속 공기의 부피가 (㉡) 타이어가 터질 수 있기 때문에 공기를 조금 적게 넣습니다. 반대로 기온이 낮은 겨울철에는 타이어 속 공기의 부피가 (㉢) 타이어가 찌그러질 수 있기 때문에 공기를 조금 더 넣어 줍니다.

	㉠	㉡	㉢
①	온도	커져	커져
②	온도	커져	작아져
③	온도	작아져	커져
④	압력	커져	작아져
⑤	압력	작아져	커져

5 다음 구조도의 빈칸에 들어갈 알맞은 어휘를 쓰세요.

```
              ┌─────────────────────────┐
              │      기체의 부피 변화        │
              └─────────────────────────┘
          ┌───────────────┴───────────────┐
```

온도에 따른 기체의 부피 변화	[ ]에 따른 기체의 부피 변화
– 온도가 높아지면 기체의 부피가 [ ]. – 온도가 낮아지면 기체의 부피가 작아진다.	– 기체에 압력을 약하게 가하면 기체의 부피가 조금 작아진다. – 기체에 압력을 세게 가하면 기체의 부피가 [ ] 작아진다.

6 공기가 든 주사기의 피스톤을 눌렀을 때 주사기 안에 있는 공기의 부피 변화를 보고, 압력에 따라 기체의 부피가 어떻게 달라지는지 쓰세요.

구분	피스톤을 약하게 누를 때	피스톤을 세게 누를 때
공기의 부피 변화	피스톤이 조금 들어갑니다.	피스톤이 많이 들어갑니다.
압력에 따른 기체의 부피 변화	압력을 약하게 가하면 기체의 부피가 조금 작아집니다.	_____ _____

03 공기를 이루는 기체에는 무엇이 있을까요?

정답과 해설 10쪽

✦ 개념

▼ 그림으로 중요한 개념을 만나 보세요.

공기를 이루는 기체

공기는 여러 가지 기체가
섞여 있는 **혼합물**이다

✦ 어휘

▼ 개념에서 살펴본 어휘를 문장의 빈칸에 써 보세요.

[   ]는 여러 가지 기체로 이루어져 있어요.

공기는 대부분 **질소**와 **산소**로 이루어져 있어요.

이 밖에도 [   ], 헬륨, 네온, 수소 등이 섞여 있어요.

공기는 여러 가지 기체가 섞여 있는 [   ]이에요.

공기는 여러 가지 기체로 이루어져 있고,
공기를 이루는 기체를 일상생활에서 다양하게 이용해요.

공기를 이루는 기체의 이용

산소

산소통

이산화 탄소

소화기

질소

식품 포장

공기를 이루는 여러 가지 기체를 일상생활에서 다양하게 이용해요.

☐☐ 는 응급 환자가 사용하는 산소통에 들어 있어요.

☐☐☐☐ 는 소화기의 재료로 이용해요.

☐☐ 는 식품을 포장할 때 이용해요.

공기를 이루는 기체에는 무엇이 있을까요?

핵심 개념

공기를 이루는
기체

공기를 이루는
기체의 성질

❶ 공기는 여러 가지 기체가 섞여 있는 혼합물이에요. 공기는 대부분 질소와 산소로 이루어져 있으며, 이 밖에 이산화 탄소, 헬륨, 네온, 수소, 아르곤 등 여러 가지 기체가 섞여 있어요.

❷ 공기를 이루는 기체들은 각 기체가 가진 고유한 성질을 그대로 지닌 채 섞여 있어요. 공기를 이루는 기체들은 어떤 성질을 가지고 있을까요? 산소는 색깔과 냄새가 없고, 다른 물질이 타는 것을 도우며, 철과 같은 금속을 녹슬게 해요. 이산화 탄소는 색깔과 냄새가 없고, 다른 물질이 타는 것을 막아요. 질소는 색깔과 냄새가 없고, 다른 물질과 잘 반응하지 않아요. 헬륨은 색깔과 냄새가 없고 다른 기체에 비해 가벼우며, 수소 역시 색깔과 냄새가 없고 매우 가벼워요.

산소와
이산화 탄소의
이용

❸ 우리는 공기를 이루는 여러 가지 기체를 일상생활에서 다양하게 이용해요. 산소는 잠수부가 사용하는 압축 공기통, 숨쉬기 어려운 응급 환자들이 이용하는 산소 호흡 장치나 산소통에 들어 있어요. 비행기 조종사가 쓰는 산소마스크나 높은 곳에 오를 때 부족한 산소를 보충하기 위한 산소 캔에도 이용해요. 또 고기를 신선하게 보관하기 위해 고기를 포장할 때, 금속을 자르거나 붙일 때도 산소를 이용해요. 이산화 탄소는 어떻게 이용할까요? 이산화 탄소는 톡 쏘는 느낌을 내기 위해 탄산음료를 만드는 데 이용하고, 불을 끌 때 사용하는 소화기의 재료로 이용해요. 또 음식물을 차갑게 보관할 때 사용하는 드라이아이스나 위급할 때 순식간에 부풀어 오르는 자동 팽창식 구명조끼를 만드는 데도 이용해요.

질소, 헬륨,
네온, 수소의
이용

❹ 질소는 식품을 포장할 때 함께 넣어 식품을 보존하거나 신선하게 보관하는 데 이용하고, 항공기 타이어나 자동차 에어백을 채우는 데도 이용해요. 헬륨은 공기보다 가벼워서 비행선이나 풍선을 공중에 띄우는 데 이용하고, 네온은 빛을 내는 조명 기구나 광고용 간판에 이용해요. 수소는 오염 물질이 나오지 않는 청정 연료로, 수소 자동차의 연료로 이용하며 수소 발전소에서는 수소를 이용해 전기를 만들어요.

낱말 풀이

• **반응** 물질 사이에 일어나는 화학적 변화. 물질의 성질이나 구조가 변한다.
• **압축** 물질 등에 압력을 가하여 그 부피를 줄임.
• **드라이아이스** 이산화 탄소를 압축·냉각하여 만든 흰색의 고체.
• **비행선** 큰 기구 속에 공기보다 가벼운 헬륨 등의 기체를 넣고 그 뜨는 힘을 이용하여 공중을 날아다니도록 만든 항공기.

1 문단별 중심 문장의 빈칸에 들어갈 알맞은 핵심 어휘를 찾아 √표 하세요.

> ### 공기를 이루는 기체에는 무엇이 있을까요?

❶문단 공기는 대부분 (   )와 산소로 이루어져 있으며, 이 밖에 여러 가지 기체가 섞여 있다.

☐ 수소
☐ 질소

❷문단 (   )를 이루는 기체들은 각 기체가 가진 고유한 성질을 그대로 지닌 채 섞여 있다.

☐ 공기
☐ 산소

❸문단 (   )는 압축 공기통, 산소 호흡 장치 등에 이용하고 이산화 탄소는 탄산음료, 소화기 등에 이용한다.

☐ 산소
☐ 수소

❹문단 질소는 식품 포장, (   )은 비행선이나 풍선, 네온은 조명 기구, 수소는 수소 자동차 등에 이용한다.

☐ 헬륨
☐ 아르곤

2 이 글을 읽고 알 수 있는 내용으로 알맞은 것에는 ○표, 알맞지 않은 것에는 ×표 하세요.

(1) 수소는 색깔과 냄새가 없고 매우 무겁다. ──────────── (   )

(2) 질소는 다른 물질과 잘 반응하지 않는다. ──────────── (   )

(3) 헬륨은 자동차 에어백을 채우는 데 이용한다. ──────────── (   )

(4) 공기는 여러 가지 기체가 섞여 있는 혼합물이다. ──────────── (   )

3 공기를 이루는 기체를 이용하는 예로 알맞은 것을 고르세요. ( )

① 산소는 조명 기구에 이용된다.

② 수소는 금속을 자르는 데 이용된다.

③ 헬륨은 식품을 포장하는 데 이용된다.

④ 네온은 비행선을 띄우는 데 이용된다.

⑤ 이산화 탄소는 탄산음료를 만드는 데 이용된다.

4 <보기>의 ㉠에 들어갈 알맞은 말을 고르세요. ( )

─── 〈보기〉 ───

선생님: (㉠)을/를 이야기해 볼까요?

학생 1: 수소 연료 전지를 만드는 데 수소를 이용합니다. 수소 연료 전지란 수소를 연료로 사용하여 전기를 만드는 장치를 말합니다. 수소 연료 전지는 전기를 만들 때 이산화 탄소와 같은 오염 물질을 배출하지 않고 물만 배출합니다. 따라서 수소 연료 전지를 사용하면 오염 물질의 발생을 줄일 수 있습니다.

수소 연료 전지

학생 2: 라디오존데를 띄우기 위해 헬륨을 이용합니다. 라디오존데는 높은 하늘에서 기상 정보를 관측하여 지상에 알려 주는 측정 장치입니다. 공기보다 가벼운 기체인 헬륨을 넣은 풍선에 낙하산과 라디오존데를 매달아 하늘로 띄워 올립니다. 그러면 라디오존데는 하늘로 올라가면서 기온, 습도, 기압을 측정합니다.

라디오존데

① 수소와 헬륨의 공통점

② 공기를 이루는 기체의 비율

③ 공기를 이루는 기체의 성질

④ 공기를 이루는 기체의 종류

⑤ 공기를 이루는 기체의 쓰임새

5 다음 구조도의 빈칸에 들어갈 알맞은 어휘를 쓰세요.

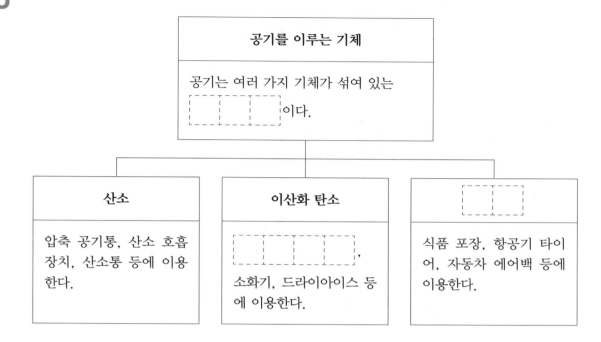

공기를 이루는 기체

공기는 여러 가지 기체가 섞여 있는
[　][　][　]이다.

산소	이산화 탄소	[　][　]
압축 공기통, 산소 호흡 장치, 산소통 등에 이용한다.	[　][　][　][　], 소화기, 드라이아이스 등에 이용한다.	식품 포장, 항공기 타이어, 자동차 에어백 등에 이용한다.

6 (가)~(다) 중 이산화 탄소를 이용한 예를 골라 기호를 쓰고, 이산화 탄소를 이용하는 다른 예를 한 가지 이상 쓰세요.

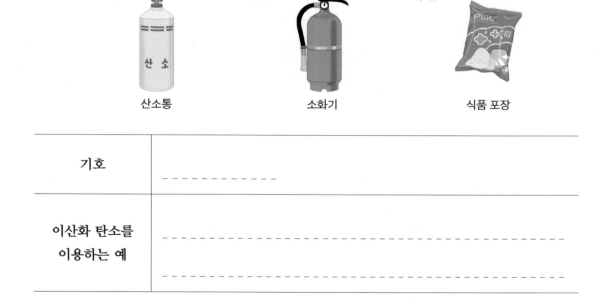

(가) 산소통

(나) 소화기

(다) 식품 포장

기호	
이산화 탄소를 이용하는 예	

✦ 개념

▼ 그림으로 중요한 개념을 만나 보세요.

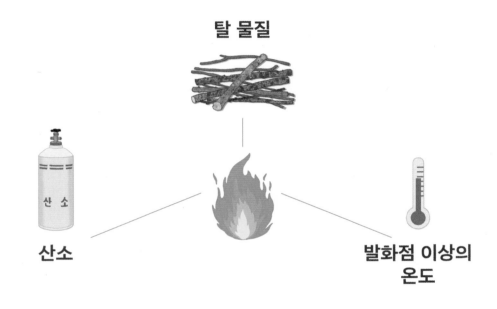

연소의 조건

탈 물질

산 소

산소

발화점 이상의
온도

✦ 어휘

▼ 개념에서 살펴본 어휘를 문장의 빈칸에 써 보세요.

물질이 산소와 빠르게 반응하여 빛과 열을 내는 현상을 **연소**라고 해요.

연소가 일어나려면 　　　이 필요해요.

연소가 일어나려면 　　가 필요해요.

연소가 일어나려면 　　　　　가 필요해요.

연소가 일어나려면 탈 물질과 산소가 필요하고
발화점 이상의 온도가 되어야 해요.

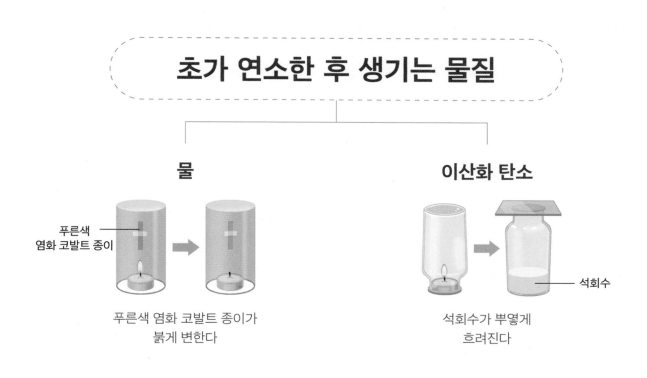

초가 연소한 후 생기는 물질

물

푸른색 염화 코발트 종이

푸른색 염화 코발트 종이가
붉게 변한다

이산화 탄소

석회수

석회수가 뿌옇게
흐려진다

물질이 [　　] 하면 연소 전의 물질과는 다른 물질이 만들어져요.

초가 연소한 후에는 [　] 과 [　　　] [　　] 가 생겨요.

푸른색 염화 코발트 종이가 붉게 변하는 것을 통해 [　] 이 생긴 것을 알 수 있어요.

석회수가 뿌옇게 흐려지는 것을 통해 [　　] [　　] 가 생긴 것을 알 수 있어요.

물질이 타려면 무엇이 필요할까요?

핵심 개념

물질이 탈 때 나타나는 현상

❶ 밤에 모닥불을 피우면 캄캄했던 주위가 밝아지고 따뜻해져요. 이처럼 물질이 탈 때는 빛과 열이 발생해요. 물질이 탈 때 발생하는 빛과 열로 어두운 곳을 밝히거나 주변을 따뜻하게 할 수 있어요. 예를 들어 정전이 되었을 때 촛불을 켜서 주위를 밝힐 수 있어요. 또 기름을 태워 난방을 할 수 있고, 가스 불로 음식을 만들 수 있어요.

연소의 조건

❷ 물질이 타려면 초나 알코올과 같은 탈 물질이 필요해요. 물질이 타려면 또 무엇이 필요할까요? 물질이 타려면 산소가 필요해요. 숯에 불을 붙일 때 부채질을 하면 산소가 공급되어 불이 더 잘 붙어요. 산소가 공급되면 물질이 계속 타지만, 산소가 없으면 탈 물질이 있더라도 더 이상 타지 않아요. 탈 물질과 산소 외에 물질이 타는 데 필요한 조건이 하나 더 있어요. 볼록 렌즈로 햇빛을 모으거나 부싯돌과 쇳조각을 마찰하여 물질의 온도를 높이면 물질에 직접 불을 붙이지 않아도 물질이 타요. 이처럼 어떤 물질이 불에 직접 닿지 않아도 타기 시작하는 온도를 발화점이라고 해요. 물질이 타려면 온도가 발화점 이상이 되어야 하며, 발화점은 물질마다 달라요. 초나 알코올이 타는 것과 같이 물질이 산소와 빠르게 반응하여 빛과 열을 내는 현상을 연소라고 해요. 연소가 일어나려면 탈 물질과 산소가 있어야 하고 온도가 발화점 이상이 되어야 해요.

연소 후 생기는 물질

❸ 초가 연소하면 초의 길이가 줄어들고 알코올이 연소하면 알코올의 양이 줄어들어요. 이때 줄어든 물질은 어떻게 되었을까요? 물질이 연소하면 연소 전의 물질과는 다른 물질이 만들어져요.

초가 연소한 후 생기는 물질

❹ 초가 연소한 후에 어떤 물질이 생성되는지 실험으로 알아볼 수 있어요. 아크릴 통 안쪽에 푸른색 염화 코발트 종이를 붙인 뒤 초에 불을 붙이고 아크릴 통으로 촛불을 덮어요. 촛불이 꺼지면 푸른색 염화 코발트 종이가 붉게 변하는 것을 관찰할 수 있어요. 푸른색 염화 코발트 종이는 물에 닿으면 붉게 변하는 성질이 있어요. 이를 통해 연소 후에 물이 생성된 것을 알 수 있지요. 이번에는 초에 불을 붙이고 집기병으로 덮어요. 촛불이 꺼지면 집기병을 들어 올려 유리판으로 집기병의 입구를 막아요. 집기병을 바로 놓은 다음 석회수를 집기병에 붓고 집기병을 살짝 흔들면 석회수가 뿌옇게 흐려지는 것을 관찰할 수 있어요. 석회수는 이산화 탄소와 만나면 뿌옇게 흐려지는 성질이 있어요. 이를 통해 연소 후에 이산화 탄소가 생성된 것을 알 수 있지요.

낱말 풀이

• **정전** 들어오던 전기가 끊어짐.
• **마찰** 두 물체가 서로 닿아 비벼짐. 또는 그렇게 함.

1 문단별 중심 문장의 빈칸에 들어갈 알맞은 핵심 어휘를 찾아 √표 하세요.

물질이 타려면 무엇이 필요할까요?

---

❶문단 물질이 탈 때는 (   )와/과 열이 발생한다.

☐ 빛
☐ 산소

---

❷문단 연소가 일어나려면 탈 물질과 (   )이/가 있어야 하고 온도가 발화점 이상이 되어야 한다.

☐ 물
☐ 산소

---

❸문단 물질이 연소하면 연소 전의 물질과 (   ) 물질이 만들어진다.

☐ 같은
☐ 다른

---

❹문단 초가 연소한 후 (   )와/과 이산화 탄소가 생긴다.

☐ 물
☐ 석회수

---

2 이 글을 읽고 알 수 있는 내용으로 알맞은 것에는 ○표, 알맞지 않은 것에는 ✕표 하세요.

(1) 초가 연소하면 초의 길이가 줄어든다. .... (   )

(2) 푸른색 염화 코발트 종이는 물에 닿으면 투명하게 변한다. .... (   )

(3) 부싯돌과 쇳조각을 마찰하여 물질의 온도를 높이면 물질이 탄다. ...... (   )

(4) 어떤 물질이 불에 직접 닿지 않아도 타기 시작하는 온도를 발화점이라고 한다.

.... (   )

3 연소에 대한 설명으로 알맞지 <u>않은</u> 것을 고르세요. ( )

① 연소가 일어나려면 탈 물질이 필요하다.

② 탈 물질이 충분하면 산소가 없어도 연소가 일어난다.

③ 물질이 산소와 빠르게 반응하여 빛과 열을 내는 현상이다.

④ 물질이 연소하면 연소 전의 물질과는 다른 물질이 생성된다.

⑤ 발화점 이상의 온도가 되면 불을 직접 붙이지 않아도 연소한다.

4 이 글을 바탕으로 할 때, <보기>에서 (가)와 (나) 같은 실험 결과가 나타난 까닭으로 알맞은 것을 고르세요. ( )

――――――――― 〈보기〉 ―――――――――

(가) 크기와 종류가 같은 초 두 개에 불을 붙인 다음 크기가 다른 아크릴 통으로 촛불을 동시에 덮었더니 크기가 큰 아크릴 통 속에 있는 초가 더 오래 탔다.

(나) 성냥의 머리 부분과 나무 부분을 철판 가운데로부터 같은 거리에 놓고 알코올램프로 철판의 가운데 부분을 가열하였더니 성냥의 머리 부분에 먼저 불이 붙었다.

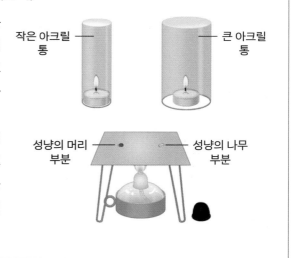

① (가) – 큰 아크릴 통 속 초가 더 크기 때문에

② (가) – 큰 아크릴 통 속 온도가 더 높기 때문에

③ (가) – 큰 아크릴 통 속 공기의 양이 더 적기 때문에

④ (나) – 성냥의 머리 부분이 나무 부분보다 발화점이 낮기 때문에

⑤ (나) – 물질이 연소하려면 발화점보다 온도가 낮아야 하기 때문에

5 다음 구조도의 빈칸에 들어갈 알맞은 어휘를 쓰세요.

[   ][   ]
물질이 산소와 빠르게 반응하여 빛과 열을 내는 현상

연소의 조건	연소 후 생기는 물질
– [ ][ ] – 산소 – 발화점 이상의 온도	– 연소 전의 물질과는 다른 물질이 만들어진다. – 초가 연소한 후에는 [ ]과 이산화탄소가 생긴다.

6 초가 연소한 후 생성되는 물질을 알아보기 위한 실험 결과를 보고, 알 수 있는 점을 쓰세요.

실험 결과	푸른색 염화 코발트 종이가 붉게 변했습니다.	석회수가 뿌옇게 흐려졌습니다.
알 수 있는 점	초가 연소한 후 물이 생깁니다.	– – – – – – – – – – – – – – – – – – – – – – – – – – – –

05 불을 끄려면 어떻게 해야 할까요?

정답과 해설 12쪽

✦ 개념

▼ 그림으로 중요한 개념을 만나 보세요.

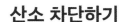

소화 방법

탈 물질 없애기	산소 차단하기	발화점 미만으로 온도 낮추기

✦ 어휘

▼ 개념에서 살펴본 어휘를 문장의 빈칸에 써 보세요.

연소의 조건 중에서 한 가지 이상의 조건을 없애 불을 끄는 것을 **소화**라고 해요.

☐☐ 을 없애면 불이 꺼져요.

☐ 를 차단하면 불이 꺼져요.

☐☐☐ 으로 온도를 낮추면 불이 꺼져요.

연소의 조건 중에서 한 가지 이상의 조건을 없애면
불을 끌 수 있어요.

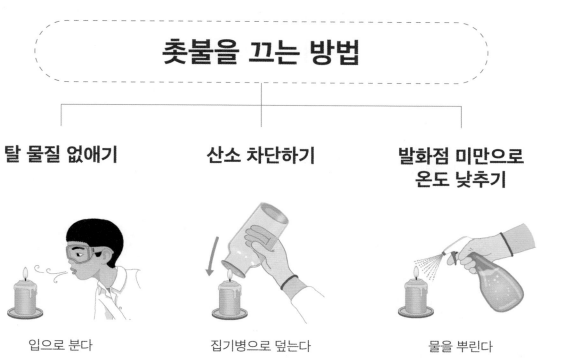

촛불을 끄는 방법

탈 물질 없애기   **산소 차단하기**   **발화점 미만으로 온도 낮추기**

입으로 분다   집기병으로 덮는다   물을 뿌린다

연소의 조건 중에서 한 가지 이상의 조건을 없애 **촛불**을 끌 수 있어요.

촛불을 입으로 불면 [ ][ ]이 날아가 촛불이 꺼져요.

촛불을 집기병으로 덮으면 [ ]가 차단되어 촛불이 꺼져요.

촛불에 물을 뿌리면 [ ][ ][ ]으로 온도가 낮아져 촛불이 꺼져요.

불을 끄려면 어떻게 해야 할까요?

▼ 다음 글을 읽고 물음에 답하세요. (1~6)

❶ 연소가 일어나려면 탈 물질과 산소가 필요하고 온도가 발화점 이상이 되어야 해요. 연소의 세 가지 조건 중 하나라도 없다면 연소가 일어나지 않아요. 연소의 조건 중에서 한 가지 이상의 조건을 없애 불을 끄는 것을 소화라고 해요.

❷ 탈 물질을 없애거나 산소를 차단하거나 발화점 미만으로 온도를 낮추면 불을 끌 수 있어요. 일상생활에서 불을 끄는 방법에는 어떤 것이 있는지 연소의 조건과 관련지어 알아볼까요? 먼저 탈 물질을 없애 불을 끄는 방법에는 가스 밸브 잠그기, 장작불의 나무 치우기 등이 있어요. 산소를 차단하여 불을 끄는 방법에는 알코올램프의 뚜껑 덮기, 모닥불에 모래 뿌리기, 소화기의 약제 뿌리기 등이 있지요. 그리고 발화점 미만으로 온도를 낮춰 불을 끄는 방법에는 산불이 났을 때 물 뿌리기 등이 있어요.

❸ 이번에는 연소의 조건과 관련지어 촛불을 끄는 다양한 방법을 알아볼까요? 초는 고체 상태의 초가 액체 상태로 변해 심지를 타고 올라간 뒤, 열에 의해 기체로 변할 때 연소가 일어나요. 따라서 촛불을 입으로 불면 기체 상태인 탈 물질이 날아가기 때문에 촛불이 꺼져요. 또 초의 심지를 핀셋으로 집거나 초의 심지를 가위로 자르면 탈 물질이 심지를 타고 올라가지 못하므로 탈 물질이 없어져서 촛불이 꺼져요. 한편 촛불을 촛불 덮개나 집기병으로 덮으면 산소가 차단되기 때문에 촛불이 꺼져요. 드라이아이스가 있는 통에 촛불을 넣으면 촛불이 꺼지는 것도 드라이아이스가 이산화 탄소로 변하여 산소를 차단하기 때문이에요. 촛불에 분무기로 물을 뿌리면 발화점 미만으로 온도가 낮아지기 때문에 촛불이 꺼져요. 또 촛불을 물수건으로 덮으면 산소가 차단되고, 물 때문에 발화점 미만으로 온도가 낮아져 촛불이 꺼지지요.

❹ 불이 났을 때 소화하는 방법은 탈 물질에 따라 달라요. 나무나 천 등이 탈 때는 물을 뿌려 온도를 발화점 미만으로 낮추어 불을 끄거나 소화기로 불을 끌 수 있어요. 하지만 기름이나 가스가 탈 때는 물을 뿌리면 불이 더 크게 번질 수 있어요. 따라서 이때는 산소를 차단하기 위해 모래를 덮거나 소화기로 불을 꺼야 해요. 전기로 인해 불이 났을 때는 물을 뿌리면 감전의 위험이 있으므로 먼저 차단기를 내리고 소화기로 불을 꺼야 해요. 이처럼 탈 물질에 따라 소화 방법이 다르므로 주의해야 해요.

낱말 풀이
• **감전** 전기가 통하고 있는 도체(전기가 잘 통하는 물체)에 신체의 일부가 닿아서 순간적으로 충격을 받는 것.
• **차단기** 전류가 흐르지 못하도록 전선을 끊거나 막는 기구.

1 문단별 중심 문장의 빈칸에 들어갈 알맞은 핵심 어휘를 찾아 √표 하세요.

불을 끄려면 어떻게 해야 할까요?

❶문단 연소의 조건 중에서 한 가지 이상의 조건을 없애 불을 끄는 것을 (　　　)(이)라고 한다.
- [ ] 소화
- [ ] 발화점

❷문단 탈 물질을 없애거나 (　　　)를 차단하거나 발화점 미만으로 온도를 낮추면 불을 끌 수 있다.
- [ ] 산소
- [ ] 이산화 탄소

❸문단 촛불을 입으로 불기, 촛불을 촛불 덮개나 집기병으로 덮기, 촛불에 (　　　) 뿌리기 등 연소의 조건과 관련지어 다양한 방법으로 촛불을 끌 수 있다.
- [ ] 물
- [ ] 산소

❹문단 불이 났을 때 소화하는 방법은 (　　　)에 따라 다르다.
- [ ] 발화점
- [ ] 탈 물질

2 이 글을 읽고 알 수 있는 내용으로 알맞은 것에는 ○표, 알맞지 않은 것에는 ✕표 하세요.

(1) 기름이나 가스가 탈 때 물을 뿌리면 불을 끌 수 있다. ──────── (　　)

(2) 전기로 인해 불이 났을 때 물을 뿌리면 감전의 위험이 있다. ──────── (　　)

(3) 촛불을 촛불 덮개로 덮으면 산소가 차단되기 때문에 촛불이 꺼진다. ──────── (　　)

(4) 초의 심지를 핀셋으로 집으면 발화점 미만으로 온도가 낮아져 촛불이 꺼진다.
──────── (　　)

3 발화점 미만으로 온도를 낮춰 불을 끄는 방법으로 알맞은 것을 고르세요. ( )

① 가스 밸브를 잠근다.

② 모닥불에 모래를 뿌린다.

③ 장작불의 나무를 치운다.

④ 산불이 났을 때 물을 뿌린다.

⑤ 알코올램프의 뚜껑을 덮는다.

4 연소의 조건과 관련지어 <보기>의 ㉠에 들어갈 알맞은 말을 고르세요. ( )

─── 〈보기〉 ───
과학 탐구 보고서

탐구 제목	간이 소화기 만들기
탐구 과정	1. 탄산수가 들어 있는 병의 입구를 풍선으로 씌운 다음 병을 살짝 흔든다. 2. 초에 불을 붙이고 풍선을 병에서 벗겨 낸 다음 풍선 입구를 촛불에 가까이 한다.
탐구 결과	1. 탄산수에 들어 있던 이산화 탄소가 풍선 안에 모인다. 2. 이산화 탄소가 (㉠) 촛불이 꺼진다.

① 산소를 차단해서

② 탈 물질을 없애서

③ 발화점 미만으로 온도를 낮춰서

④ 탈 물질을 없애고 산소를 차단해서

⑤ 탈 물질을 없애고 발화점 미만으로 온도를 낮춰서

다음 구조도의 빈칸에 들어갈 알맞은 어휘를 쓰세요.

☐☐
연소의 조건 중에서 한 가지 이상의 조건을 없애 불을 끄는 것

소화 방법	촛불을 끄는 방법
– 탈 물질 없애기 – 산소 차단하기 – ☐☐☐ 미만으로 온도 낮추기	– 탈 물질 없애기: 촛불을 입으로 분다. – 산소 차단하기: 촛불을 촛불 덮개나 집기병으로 덮는다. – 발화점 미만으로 온도 낮추기: 촛불에 ☐ 을 뿌린다.

다음과 같은 방법으로 촛불을 끌 때, 촛불이 꺼지는 까닭을 연소의 조건과 관련지어 쓰세요.

촛불을 끄는 방법	촛불을 입으로 불기	촛불을 집기병으로 덮기
촛불이 꺼지는 까닭	탈 물질이 날아가기 때문에 촛불이 꺼집니다.	

06 화재가 발생하면 어떻게 대처해야 할까요?

정답과 해설 13쪽

✦ 개념

▼ 그림으로 중요한 개념을 만나 보세요.

분말 소화기 사용 방법

불이 난 곳으로
소화기를 가져간다 ▶ 손잡이 부분의
안전핀을 뽑는다 ▶ 바람을 등지고
고무관을 불 쪽으로
향하도록 잡는다 ▶ 손잡이를 움켜쥐고
분말을 골고루 뿌린다

✦ 어휘

▼ 개념에서 살펴본 어휘를 문장의 빈칸에 써 보세요.

불이 난 곳으로 ☐☐☐ 를 가져가요.

손잡이 부분의 ☐☐☐ 을 뽑아요.

바람을 등지고 ☐☐☐ 을 불 쪽으로 향하도록 잡아요.

손잡이를 움켜쥐고 ☐☐ 을 골고루 뿌려요.

화재 발생 시 대처 방법

| "불이야!" 하고 외친다 | 119에 신고한다 | 낮은 자세로 이동한다 | 승강기 대신 계단을 이용한다 |

화재를 발견하면 **"불이야!"** 하고 큰 소리로 외쳐요.

화재가 발생하면 ☐☐☐에 신고해요.

젖은 수건으로 코와 입을 막고 ☐☐ ☐☐로 이동해요.

승강기 대신 ☐☐을 이용해 대피해요.

화재가 발생하면 어떻게 대처해야 할까요?

핵심 개념

화재의 원인과 특징

분말 소화기 사용법

화재 발생 시 대처 방법

화재 발생에 대비하는 방법

▼ 다음 글을 읽고 물음에 답하세요. (1~6)

❶ 불은 우리에게 여러 가지 이로움을 주지만 잘못 다루면 화재가 발생해 많은 피해를 주기도 해요. 화재는 다양한 원인으로 발생해요. 나무나 천 등에서 발생한 화재는 사람들의 부주의, 낙엽이나 나뭇가지의 마찰, 번개 등으로 발생하며, 연소 후 재가 남아요. 나무나 천 등에서 발생한 화재는 물을 뿌려 소화하는 방법이 효과적이에요. 기름에서 발생한 화재는 사람들의 부주의로 주로 발생하며, 연소 후 유독 가스가 발생하고 폭발이 일어날 수도 있어요. 기름에서 발생한 화재는 물을 뿌리면 불이 번질 수 있기 때문에 모래나 담요를 덮거나 소화기로 불을 끄는 것이 효과적이에요. 전기로 발생한 화재는 전기 기구의 과열, 누전 등으로 발생하며, 연소 후 정전이 일어나기도 해요. 먼저 차단기를 내려 전기를 차단해야 하며, 소화기로 불을 끄는 것이 효과적이에요.

❷ 소화기는 화재의 초기 단계에서 불을 끌 수 있는 도구이므로 사용 방법을 잘 알아 두어야 해요. 소화기는 종류가 다양한데, 그중 분말 소화기의 사용 방법을 알아볼까요? 먼저 소화기를 불이 난 곳으로 옮겨요. 손잡이 부분의 안전핀을 뽑은 뒤, 바람을 등지고 소화기의 고무관을 불 쪽으로 향하도록 잡아요. 그런 다음 소화기의 손잡이를 힘껏 움켜쥐고 빗자루로 쓸듯이 분말을 골고루 뿌려 불을 꺼요.

❸ 화재가 발생하면 상황에 따라 올바르게 대처해야 해요. 화재를 발견하면 "불이야!" 하고 큰 소리로 외치고 비상벨을 눌러 주변에 알리고 119에 신고해요. 대피할 때는 유독 가스를 마시지 않도록 젖은 수건으로 코와 입을 막고 낮은 자세로 이동해요. 문손잡이가 뜨거워 보이거나 문틈으로 연기가 새어 들어올 때는 문 반대편에 불이 있을 수 있으므로 문을 열지 않아요. 화재가 발생하면 정전으로 승강기가 멈춰 갇힐 수 있으므로 이동할 때는 승강기 대신 계단을 이용하여 대피해요. 아래층으로 대피할 수 없을 때는 옥상이나 높은 곳으로 올라가 구조를 요청하고, 출구가 없으면 연기가 들어오지 못하도록 옷이나 이불로 문틈을 막고 구조를 기다려요.

❹ 화재로 인한 피해를 줄이려면 주변의 소방 시설을 미리 점검하고 사용 방법을 익혀 두어야 해요. 또 화재가 발생했을 때 빠르게 대피할 수 있도록 평소 화재 대피 훈련을 하고, 비상구나 대피도를 확인해 두는 것도 필요해요.

낱말 풀이

• **유독 가스** 독성이 있어 생물에 해를 끼치는 기체.
• **누전** 전기가 전깃줄 밖으로 새어 흐름. 또는 그 전류.
• **분말 소화기** 가루를 내뿜게 하여 불을 끄는 기구. 가루가 타는 물질의 표면을 감싸 산소의 공급을 막아서 불이 꺼진다.

1 문단별 중심 문장의 빈칸에 들어갈 알맞은 핵심 어휘를 찾아 √표 하세요.

화재가 발생하면 어떻게 대처해야 할까요?

❶문단 화재는 다양한 (   )(으)로 발생한다.

☐ 결과
☐ 원인

❷문단 (   )는 화재의 초기 단계에서 불을 끌 수 있는 도구이므
로 사용 방법을 잘 알아 두어야 한다.

☐ 소화기
☐ 차단기

❸문단 화재가 발생하면 "불이야!" 하고 큰 소리로 외치고, (   )
자세로 이동하며, 승강기 대신 계단을 이용해 대피한다.

☐ 낮은
☐ 높은

❹문단 화재로 인한 (   )을/를 줄이기 위해 소방 시설 점검, 대
피 훈련 등이 필요하다.

☐ 원인
☐ 피해

2 이 글을 읽고 알 수 있는 내용으로 알맞은 것에는 ○표, 알맞지 않은 것에는 ✕표 하세요.

(1) 전기 기구의 과열, 누전 등으로 화재가 발생할 수 있다. ──────── (   )

(2) 소화기는 불길이 많이 번진 뒤에 불을 끌 수 있는 도구이다. ──────── (   )

(3) 화재로 인한 피해를 줄이려면 주변의 소방 시설을 미리 점검해야 한다. ─── (   )

(4) 아래층으로 대피할 수 없을 때는 옥상이나 높은 곳으로 올라가 구조를
요청한다. ─────────────────────────── (   )

3 화재가 발생했을 때의 대처 방법으로 알맞지 <u>않은</u> 것을 고르세요. (　　)

①

119에 신고한다.

②

승강기로 빠르게
대피한다.

③

"불이야!" 하고
큰 소리로 외친다.

④

문손잡이가 뜨거워 보이면
문을 열지 않는다.

⑤

젖은 수건으로 코와 입을 막고
낮은 자세로 이동한다.

4 이 글을 바탕으로 <보기>를 이해한 내용으로 알맞지 <u>않은</u> 것을 고르세요. (　　)

― 〈보기〉 ―

화재가 발생할 수 있는 상황

(가)

산에서 불을 이용할 경
우 주위 나뭇잎이나 나
무에 불이 옮겨붙어 산
불이 날 수 있습니다.

(나)

주방에서 요리를 하다
가 식용유에 불이 붙을
수 있습니다.

(다)

콘센트에 여러 개의 전
기 기구 플러그를 꽂아
사용하면 과열로 인해
불이 날 수 있습니다.

① (가)의 경우 물을 뿌려 불을 끄는 것이 효과적이다.
② (나)와 같은 화재는 사람들의 부주의로 주로 발생한다.
③ (나)의 경우 담요를 덮거나 소화기로 불을 끄는 것이 효과적이다.
④ (다)의 경우 먼저 차단기를 내려 전기를 차단한 후 물로 불을 꺼야 한다.
⑤ (다)와 같은 화재를 예방하기 위해서 콘센트에 여러 개의 플러그를 꽂지 않는다.

다음 구조도의 빈칸에 들어갈 알맞은 어휘를 쓰세요.

화재 안전 대책

분말 [ ] 사용 방법

소화기를 불이 난 곳으로 옮긴다.

→ 안전핀을 뽑는다.

→ 소화기의 고무관을 불 쪽으로 향하도록 잡는다.

→ 손잡이를 움켜쥐고 분말을 골고루 뿌린다.

화재 발생 시 대처 방법

– "불이야!" 하고 큰 소리로 외친다.

– [ ]에 신고한다.

– 젖은 수건으로 코와 입을 막고 낮은 자세로 이동한다.

– 승강기 대신 [ ]을 이용한다.

분말 소화기로 불을 끄는 방법을 완성하여 쓰세요.

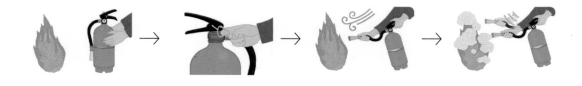

분말 소화기로 불을 끄는 방법	소화기를 불이 난 곳으로 옮깁니다. → _____ → 바람을 등지고 소화기의 고무관을 불 쪽으로 향하도록 잡습니다. → 소화기의 손잡이를 움켜쥐고 분말을 골고루 뿌려 불을 끕니다.

▼ 다음 글을 읽고 물음에 답하세요. (1~3)

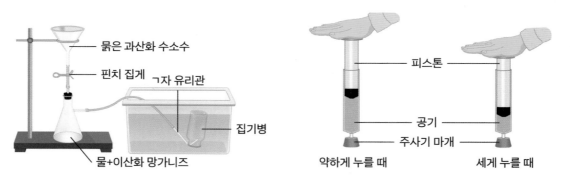

(가) 기체 발생 장치

묽은 과산화 수소수
핀치 집게
ㄱ자 유리관
집기병
물+이산화 망가니즈

(나) 공기가 든 주사기의 피스톤을 눌렀을 때의 변화

피스톤
공기
주사기 마개

약하게 누를 때   세게 누를 때

(다)   산소는 어떤 성질이 있을까요? 산소는 색깔과 냄새가 없어요. 산소는 스스로 타지 않
지만 다른 물질이 타는 것을 도와요. 또 산소는 철이나 구리와 같은 금속을 녹슬게 해요.

1 (다)를 바탕으로 할 때, (가)의 집기병에 모인 기체의 성질로 알맞은 것을 고르세요.   (   )

① 색깔이 있다.
② 냄새가 있다.
③ 석회수를 뿌옇게 만든다.
④ 다른 물질이 타는 것을 막는다.
⑤ 철과 같은 금속을 녹슬게 한다.

2 (라)를 바탕으로 할 때, (나)의 실험으로 알 수 있는 기체의 성질로 알맞은 것을 고르세요. (   )

① 온도에 따라 기체의 부피가 달라진다.
② 온도가 높아지면 기체의 부피가 커진다.
③ 기체는 압력을 가해도 부피가 거의 변하지 않는다.
④ 압력을 세게 가하면 기체의 부피가 많이 작아진다.
⑤ 압력을 약하게 가하면 기체의 부피가 변하지 않는다.

이산화 망가니즈와 묽은 과산화 수소수를 이용하면 산소를 발생시킬 수 있어요. 먼저 가지 달린 삼각 플라스크에 물을 조금 넣고 이산화 망가니즈를 한 숟가락 넣은 다음 기체 발생 장치를 꾸며요. 그리고 묽은 과산화 수소수를 깔때기에 $\frac{1}{2}$ 정도 붓고, 핀치 집게를 조절하여 묽은 과산화 수소수를 조금씩 흘려 보내요. ㄱ자 유리관을 집기병 입구 가까이에 두고 집기병에 산소를 모아요. 산소가 집기병에 가득 차면 물속에서 유리판으로 집기병 입구를 막고 집기병을 꺼내요.

(라)　기체는 온도에 따라 부피가 달라져요. 온도가 높아지면 기체의 부피는 커지고, 온도가 낮아지면 기체의 부피는 작아져요. 한편 액체는 압력을 가해도 부피가 거의 변하지 않지만, 기체는 압력을 가한 정도에 따라 부피가 달라져요. 기체에 압력을 약하게 가하면 기체의 부피가 조금 작아지고, 기체에 압력을 세게 가하면 기체의 부피가 많이 작아져요.

3 (라)를 바탕으로 할 때, <보기>에서 ㉠과 ㉡의 관찰 결과가 알맞게 짝지어진 것을 고르세요. (　　　)

〈보기〉

1. 삼각 플라스크 입구에 고무풍선을 씌운다.
2. 따뜻한 물이 들어 있는 수조에 1의 삼각 플라스크를 넣고 고무풍선의 변화를 관찰해 본다. ┈┈┈┈┈┈┈┈┈┈ ㉠
3. 2의 삼각 플라스크를 얼음물이 들어 있는 수조에 넣고 고무풍선의 변화를 관찰해 본다. ┈┈┈┈┈┈┈┈┈┈ ㉡

고무풍선
삼각 플라스크
따뜻한 물　얼음물

	㉠	㉡
①	변화가 없다.	변화가 없다.
②	고무풍선이 커진다.	고무풍선이 작아진다.
③	고무풍선이 커진다.	고무풍선이 더 커진다.
④	고무풍선이 작아진다.	고무풍선이 커진다.
⑤	고무풍선이 작아진다.	고무풍선이 더 작아진다.

▼ 문장의 빈칸에 들어갈 알맞은 어휘를 보기 에서 골라 쓰세요. (1~6)

---

01 산소와 이산화 탄소는 어떤 성질이 있을까요? 보기 **산소 / 석회수 / 식초 / 이산화 탄소**

(1) (   )는 색깔과 냄새가 없고, 다른 물질이 타는 것을 도우며, 금속을 녹슬게 한다.

(2) (   )는 색깔과 냄새가 없고, 다른 물질이 타는 것을 막으며, 석회수를 뿌옇게 만든다.

---

02 온도와 압력이 변하면 기체의 부피는 어떻게 달라질까요? 보기 **많이 / 작아진다 / 조금 / 커진다**

(1) 온도가 높아지면 기체의 부피는 커지고, 온도가 낮아지면 기체의 부피는 (   ).

(2) 기체에 압력을 약하게 가하면 기체의 부피가 조금 작아지고, 기체에 압력을 세게 가하면 기체의 부피가 (   ) 작아진다.

---

03 공기를 이루는 기체에는 무엇이 있을까요? 보기 **산소 / 수소 / 이산화 탄소 / 질소**

(1) 공기는 대부분 (   )와 산소로 이루어져 있으며, 이 밖에 여러 가지 기체가 섞여 있다.

(2) (   )는 압축 공기통, 산소 호흡 장치 등에 이용하고 이산화 탄소는 탄산음료, 소화기 등에 이용한다.

---

04 물질이 타려면 무엇이 필요할까요? 보기 **발화점 / 산소 / 소화 / 연소**

(1) 물질이 산소와 빠르게 반응하여 빛과 열을 내는 현상을 (   )(이)라고 한다.

(2) 연소가 일어나려면 탈 물질과 산소가 있어야 하고 온도가 (   ) 이상이 되어야 한다.

---

05 불을 끄려면 어떻게 해야 할까요? 보기 **발화점 / 소화 / 연소 / 탈 물질**

(1) 연소의 조건 중에서 한 가지 이상의 조건을 없애 불을 끄는 것을 (   )(이)라고 한다.

(2) 불이 났을 때 소화하는 방법은 (   )에 따라 다르다.

---

06 화재가 발생하면 어떻게 대처해야 할까요? 보기 **계단 / 대피도 / 비상벨 / 소화기**

(1) (   )은/는 화재의 초기 단계에서 불을 끌 수 있는 도구이므로 사용 방법을 잘 알아 두어야 한다.

(2) 화재가 발생하면 "불이야!" 하고 큰 소리로 외치고, 낮은 자세로 이동하며, 승강기 대신 (   )을/를 이용해 대피한다.

3
단원

생명

✦ 개념

▼ 그림으로 중요한 개념을 만나 보세요.

식물 세포

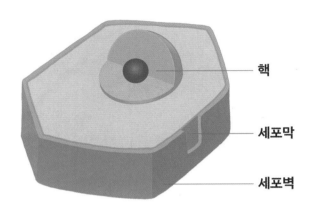

핵

세포막

세포벽

✦ 어휘

▼ 개념에서 살펴본 어휘를 문장의 빈칸에 써 보세요.

모든 생물은 **세포**로 이루어져 있어요.

〔　〕〔　〕〔　〕는 핵, 세포막, 세포벽 등으로 이루어져 있어요.

식물 세포는 세포벽과 세포막으로 둘러싸여 있고 그 안에 〔　〕이 있어요.

식물 세포는 동물 세포와 다르게 **세포벽**이 있어요.

식물 세포는 핵, 세포막, 세포벽 등으로 이루어져 있고,
동물 세포는 핵, 세포막 등으로 이루어져 있어요.

동물 세포

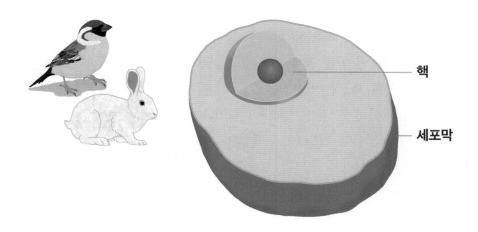

핵

세포막

모든 생물은 [   ]로 이루어져 있어요.

[   ]는 핵, 세포막 등으로 이루어져 있어요.

동물 세포는 세포막으로 둘러싸여 있고 그 안에 [   ]이 있어요.

동물 세포는 식물 세포와 다르게 [   ]이 없어요.

생물을 이루는 세포는 어떻게 생겼을까요?

핵심 개념

세포

❶ 블록으로 만든 장난감이 하나하나의 블록으로 이루어진 것처럼 모든 생물은 세포로 이루어져 있어요. 세포는 생물체를 이루는 가장 작은 기본 단위예요. 세포는 대부분 크기가 매우 작아 맨눈으로 볼 수 없어요. 세포는 종류에 따라 크기와 모양이 다양하고 하는 일도 달라요.

양파 표피 세포
관찰하기

❷ 현미경을 사용하여 식물 세포와 동물 세포를 관찰할 수 있어요. 세포를 관찰할 때는 영구 표본을 이용하여 관찰할 수도 있고 표본을 직접 만들어서 관찰할 수도 있어요. 표본을 만들 때는 핵을 뚜렷하게 보기 위해 염색을 해요. 먼저 광학 현미경을 사용하여 식물 세포인 양파 표피 세포의 모습을 관찰해 볼까요? 양파 표피 세포는 세포 하나하나가 각진 모양이고, 각 세포 안에 둥근 핵이 한 개씩 있어요. 세포마다 모양과 크기가 조금씩 달라요. 세포들이 서로 붙어 있고, 세포와 세포 사이에 뚜렷한 경계가 있으며, 세포의 가장자리가 두꺼워요.

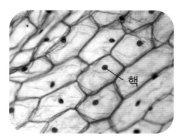

양파 표피 세포

입안 상피 세포
관찰하기

❸ 이번에는 광학 현미경을 사용하여 동물 세포인 입안 상피 세포의 모습을 관찰해 볼까요? 입안 상피 세포는 세포 하나하나가 둥근 모양이고, 각 세포 안에 둥근 핵이 한 개씩 있어요. 세포마다 모양과 크기가 조금씩 다르며, 세포들이 겹쳐 있기도 하고 떨어져 있기도 해요. 세포의 가장자리는 얇아요.

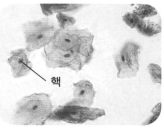

입안 상피 세포

식물 세포와
동물 세포

❹ 식물 세포와 동물 세포의 구조를 살펴보면 식물 세포는 세포벽과 세포막으로 둘러싸여 있고 그 안에 핵이 있어요. 동물 세포는 세포막으로 둘러싸여 있고 그 안에 핵이 있어요. 핵은 세포의 생명 활동을 조절하는 부분이에요. 세포막은 세포를 둘러싸고 있는 얇은 막으로, 세포 내부와 외부를 드나드는 물질의 출입을 조절해 줘요. 세포벽은 세포막의 바깥쪽을 둘러싸고 있으며, 세포의 모양을 일정하게 유지하고 세포를 보호해요. 이처럼 식물 세포와 동물 세포는 공통적으로 핵과 세포막이 있지만, 동물 세포는 식물 세포와 다르게 세포벽이 없어요.

낱말 풀이

• **영구 표본** 오랜 기간 보존할 수 있도록 만든 표본(생물의 몸 전체나 그 일부에 적당한 처리를 가하여 보존할 수 있게 한 것).
• **표피 세포** 식물체의 표면을 덮고 있는 세포.
• **상피 세포** 생물의 몸 표면이나 위, 창자 같은 내장의 내부 표면을 덮고 있는 세포.

1 **문단별 중심 문장의 빈칸에 들어갈 알맞은 핵심 어휘를 찾아 √표 하세요.**

생물을 이루는 세포는 어떻게 생겼을까요?

❶문단 모든 생물은 (　　　)(으)로 이루어져 있다.

☐ 세포
☐ 세포벽

❷문단 (　　　)인 양파 표피 세포는 세포 하나하나가 각진 모양이
고, 각 세포 안에 둥근 핵이 한 개씩 있다.

☐ 동물 세포
☐ 식물 세포

❸문단 (　　　)인 입안 상피 세포는 세포 하나하나가 둥근 모양이
고, 각 세포 안에 둥근 핵이 한 개씩 있다.

☐ 동물 세포
☐ 식물 세포

❹문단 식물 세포는 세포벽과 세포막으로 둘러싸여 있고 그 안에 핵
이 있고, 동물 세포는 (　　　)으로 둘러싸여 있고 그 안에
핵이 있다.

☐ 세포막
☐ 세포벽

2 **이 글을 읽고 알 수 있는 내용으로 알맞은 것에는 ○표, 알맞지 않은 것에는 ✕표 하세요.**

(1) 동물 세포는 세포벽이 없다. ⸺⸺⸺⸺⸺⸺⸺⸺⸺⸺⸺ (　　　)

(2) 세포막은 세포를 둘러싸고 있는 얇은 막이다. ⸺⸺⸺⸺⸺ (　　　)

(3) 입안 상피 세포는 세포의 가장자리가 두껍다. ⸺⸺⸺⸺⸺ (　　　)

(4) 양파 표피 세포는 세포 하나하나가 각진 모양이다. ⸺⸺⸺ (　　　)

3 세포에 대한 설명으로 알맞지 <u>않은</u> 것을 고르세요.　　　　　　　　　(　　)

① 모양이 다양하다.

② 대부분 맨눈으로 볼 수 있다.

③ 종류에 따라 하는 일이 다르다.

④ 모든 생물은 세포로 이루어져 있다.

⑤ 생물체를 이루는 가장 작은 기본 단위이다.

4 이 글을 바탕으로 할 때, <보기>의 ㉠~㉢에 대한 설명으로 알맞지 <u>않은</u> 것을 고르세요.
　　　　　　　　　　　　　　　　　　　　　　　　　　　　　　　　　　　(　　)

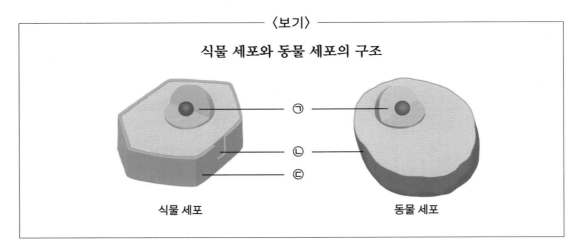

────── 〈보기〉 ──────

식물 세포와 동물 세포의 구조

식물 세포　　　　　　　　　　　　동물 세포

① ㉠은 핵, ㉡은 세포막, ㉢은 세포벽이다.

② ㉠은 식물 세포와 동물 세포에 모두 있다.

③ ㉡은 세포의 생명 활동을 조절한다.

④ ㉢은 세포의 모양을 일정하게 유지한다.

⑤ ㉢은 양파 표피 세포에는 있지만 입안 상피 세포에는 없다.

5 다음 구조도의 빈칸에 들어갈 알맞은 어휘를 쓰세요.

생물체를 이루는 가장 작은 기본 단위

식물 세포	동물 세포
세포벽과 세포막으로 둘러싸여 있고 그 안에 [　　]이 있다. 예) 양파 표피 세포	– 세포막으로 둘러싸여 있고 그 안에 핵이 있다. – [　　　]이 없다. 예) 입안 상피 세포

6 식물 세포와 동물 세포의 차이점을 쓰세요.

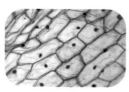
식물 세포

동물 세포

〈조건〉
1. 주어진 어휘를 모두 넣어 쓰세요.
   (동물) (세포) (세포벽) (식물)
2. 한 문장으로 쓰세요.

공통점	– 핵이 있습니다. – 세포막으로 둘러싸여 있습니다.
차이점	

✦ 개념

▼ 그림으로 중요한 개념을 만나 보세요.

뿌리, 줄기, 잎이 하는 일

뿌리

식물을
지지한다

물을
흡수한다

줄기

식물을
지지한다

물과 양분의
이동 통로이다

✦ 어휘

▼ 개념에서 살펴본 어휘를 문장의 빈칸에 써 보세요.

뿌리는 땅속으로 뻗어 식물을 [　　] 해요.

뿌리는 땅속으로 뻗어 물을 [　　] 해요.

줄기는 잎과 꽃을 받쳐 식물을 [　　] 해요.

줄기는 물과 양분이 [　　] 하는 통로예요.

식물의 뿌리는 물을 흡수하고,
줄기는 물과 양분의 이동 통로이며, 잎은 양분을 만들어요.

뿌리, 줄기, 잎이 하는 일

잎

광합성

빛
물 **+** 이산화 탄소
양분
녹말

빛, 물, 이산화 탄소를
이용해 양분을 만든다

증산 작용

기공
수증기

물이 기공을 통해
식물 밖으로 빠져나간다

식물은 주로 [　] 에서 양분을 만들어요.

식물이 빛, 물, 이산화 탄소를 이용해 양분을 만드는 것을 [　][　][　] 이라고 해요.

잎의 표면에는 작은 구멍인 **기공** 이 있어요.

물이 기공을 통해 식물 밖으로 **빠져나가는** 것을 [　][　][　] 이라고 해요.

뿌리, 줄기, 잎은 어떤 일을 할까요?

핵심 개념

식물의 구조

뿌리

줄기

잎의 광합성

잎의 증산 작용

낱말 풀이

▼ 다음 글을 읽고 물음에 답하세요. (1~6)

❶ 우리 주변에는 느티나무, 나팔꽃, 토마토 등 많은 식물이 있어요. 식물은 대부분 뿌리, 줄기, 잎, 꽃으로 이루어져 있어요. 식물을 이루는 각 부분의 생김새와 하는 일을 알아볼까요?

❷ 뿌리는 대부분 땅속으로 자라요. 뿌리의 생김새는 토마토처럼 굵고 곧은 뿌리에 가는 뿌리가 난 것도 있고, 양파처럼 굵기가 비슷한 뿌리가 수염처럼 난 것도 있어요. 뿌리는 땅속으로 뻗어 식물을 지지하고, 물을 흡수해요. 뿌리의 표면에는 솜털처럼 가는 뿌리털이 나 있어 물을 잘 흡수할 수 있어요. 무, 당근, 고구마처럼 뿌리에 양분을 저장하는 식물도 있어요.

❸ 줄기는 아래로 뿌리가 이어져 있고 위로 잎이 나 있어요. 줄기는 식물의 종류에 따라 생김새가 다양해요. 느티나무처럼 굵고 곧은 것도 있고, 나팔꽃처럼 다른 물체를 감고 올라가는 것도 있고, 고구마처럼 땅 위를 기는 듯이 뻗는 것도 있어요. 줄기는 잎과 꽃을 받쳐 식물을 지지하는 역할을 해요. 줄기 속에는 물과 양분이 이동하는 통로가 있어 뿌리에서 흡수된 물이 줄기를 통해 잎이나 꽃 등으로 이동해요. 감자, 양파, 토란처럼 줄기에 양분을 저장하는 식물도 있어요.

❹ 잎은 대부분 초록색으로, 잎몸과 잎자루로 이루어져 있고 잎몸에는 잎맥이 퍼져 있어요. 식물은 빛, 물, 이산화 탄소를 이용해 양분을 만드는데, 이것을 광합성이라고 해요. 광합성은 주로 잎에서 일어나요. 잎에서 만든 양분은 줄기를 통해 뿌리, 줄기, 열매 등 필요한 부분으로 운반되어 사용되거나 저장돼요. 실험을 통해 잎에서 만든 양분을 확인할 수 있어요. 빛을 받지 못한 잎과 빛을 받은 잎에 아이오딘-아이오딘화 칼륨 용액을 각각 떨어뜨리면 빛을 받지 못한 잎은 색깔 변화가 없지만, 빛을 받은 잎은 청람색으로 변해요. 아이오딘-아이오딘화 칼륨 용액은 녹말과 반응하면 청람색으로 변하는 성질이 있으므로 이를 통해 빛을 받은 잎에서 광합성이 일어나 녹말과 같은 양분이 만들어진다는 것을 알 수 있어요.

❺ 한편 뿌리에서 흡수한 물은 줄기를 거쳐 잎에 도달해요. 잎에 도달한 물은 광합성에 이용되고 남은 물은 식물 밖으로 빠져나가요. 잎의 표면에는 우리 눈에 보이지 않는 작은 구멍인 기공이 있는데, 잎에 도달한 물이 기공을 통해 식물 밖으로 빠져나가는 것을 증산 작용이라고 해요. 증산 작용은 뿌리에서 흡수한 물을 식물의 꼭대기까지 끌어 올릴 수 있도록 돕고, 식물의 온도를 조절하는 역할을 하지요.

• **청람색** 푸른빛을 띤 남색.

1 문단별 중심 문장의 빈칸에 들어갈 알맞은 핵심 어휘를 찾아 √표 하세요.

뿌리, 줄기, 잎은 어떤 일을 할까요?

❶문단 (   )은 대부분 뿌리, 줄기, 잎, 꽃으로 이루어져 있다.

☐ 동물
☐ 식물

❷문단 (   )는 땅속으로 뻗어 식물을 지지하고, 물을 흡수하고, 양분을 저장하기도 한다.

☐ 뿌리
☐ 줄기

❸문단 (   )는 식물을 지지하고, 물과 양분이 이동하는 통로이며, 양분을 저장하기도 한다.

☐ 뿌리
☐ 줄기

❹문단 식물이 빛, 물, 이산화 탄소를 이용해 양분을 만드는 것을 (   )이라고 한다.

☐ 광합성
☐ 증산 작용

❺문단 잎에 도달한 물이 기공을 통해 식물 밖으로 빠져나가는 것을 (   )이라고 한다.

☐ 광합성
☐ 증산 작용

2 이 글을 읽고 알 수 있는 내용으로 알맞은 것에는 ○표, 알맞지 않은 것에는 ✕표 하세요.

(1) 잎의 표면에는 작은 구멍인 기공이 있다. ———————————— (   )

(2) 감자처럼 뿌리에 양분을 저장하는 식물도 있다. ———————————— (   )

(3) 나팔꽃처럼 땅 위를 기는 듯이 뻗는 줄기도 있다. ———————————— (   )

(4) 뿌리의 표면에는 뿌리털이 나 있어 물을 잘 흡수할 수 있다. ———————— (   )

3 광합성에 대한 설명으로 알맞지 <u>않은</u> 것을 고르세요. ( )

① 주로 잎에서 일어난다.

② 광합성에는 빛이 필요하다.

③ 식물이 양분을 만드는 과정이다.

④ 광합성을 하면 이산화 탄소가 생긴다.

⑤ 광합성으로 만들어진 양분은 뿌리, 줄기, 열매 등으로 이동한다.

4 <보기>의 (가)와 (나)를 통해 알 수 있는 내용으로 알맞은 것을 고르세요. ( )

─── 〈보기〉 ───

(가)

뿌리를 자른
양파   뿌리를 자르지
않은 양파

같은 양의 물이 담긴 두 개의 비커에 뿌리를 자른 양파와 뿌리를 자르지 않은 양파를 각각 올려 두었더니, 며칠 뒤 뿌리를 자르지 않은 양파를 올려 둔 비커의 물이 더 많이 줄어들었다.

(나)

잎을 없앤
봉선화 모종   잎이 있는
봉선화 모종

잎을 없앤 봉선화 모종과 잎이 있는 봉선화 모종에 각각 비닐봉지를 씌우고, 같은 양의 물이 담긴 삼각 플라스크에 꽂아 햇빛이 잘 드는 곳에 두었더니, 잎을 없앤 봉선화 모종의 비닐봉지에는 아무 변화가 없고 잎이 있는 봉선화 모종의 비닐봉지 안에만 물이 생겼다.

① (가) – 뿌리는 양분을 만든다.

② (가) – 뿌리는 식물을 지지한다.

③ (가) – 뿌리는 양분을 저장한다.

④ (나) – 잎은 물을 식물 밖으로 내보낸다.

⑤ (나) – 잎은 물이 이동하는 통로 역할을 한다.

다음 구조도의 빈칸에 들어갈 알맞은 어휘를 쓰세요.

```
          ┌─────────────────────────┐
          │   뿌리, 줄기, 잎이 하는 일   │
          └─────────────────────────┘
```

뿌리	줄기	잎
– 식물을 지지한다. – [ ]을 흡수한다. – 양분을 저장하기도 한다.	– 식물을 지지한다. – 물과 [ ]이 이동하는 통로이다. – 양분을 저장하기도 한다.	– [ ]: 빛, 물, 이산화 탄소를 이용해 양분을 만든다. – 증산 작용: 물이 기공을 통해 식물 밖으로 빠져나간다.

백합 줄기를 붉은 색소를 녹인 물에 몇 시간 동안 담가 두었다가 잘랐을 때, 단면 모습을 통해 알 수 있는 줄기의 기능을 쓰세요.

백합 줄기 단면	가로로 자른 단면	세로로 자른 단면
	붉은 점들이 줄기에 퍼져 있습니다.	 여러 개의 붉은 선이 줄기를 따라 이어져 있습니다.
알 수 있는 줄기의 기능		

✦ 개념

▼ 그림으로 중요한 개념을 만나 보세요.

꽃과 열매

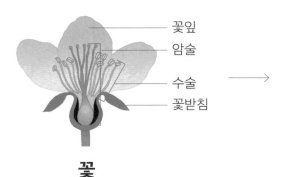

| 꽃잎 |
| 암술 |
| 수술 |
| 꽃받침 |

꽃

꽃가루받이를 거쳐
씨를 만든다

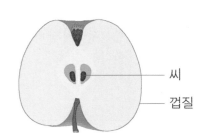

| 씨 |
| 껍질 |

열매

어린 씨를 보호하고
씨가 익으면 퍼뜨린다

✦ 어휘

▼ 개념에서 살펴본 어휘를 문장의 빈칸에 써 보세요.

[　　]은 대부분 암술, 수술, 꽃잎, 꽃받침으로 이루어져 있어요.

수술에서 만든 꽃가루가 암술로 옮겨지는 것을 **꽃가루받이**라고 해요.

꽃은 꽃가루받이를 거쳐 [　　]를 만들어요.

[　　]는 어린 씨를 보호하고 씨가 익으면 퍼뜨려요.

씨가 퍼지는 방법

바람에 날려서
퍼진다

동물에게 먹혀서
퍼진다

동물의 털에 붙어서
퍼진다

물에 실려서
퍼진다

민들레처럼 [　　] 에 날려서 씨가 퍼지는 방법이 있어요.

산수유나무처럼 [　　] 에게 먹혀서 씨가 퍼지는 방법이 있어요.

도꼬마리처럼 [　　　] 에 붙어서 씨가 퍼지는 방법이 있어요.

연꽃처럼 [　] 에 실려서 씨가 퍼지는 방법이 있어요.

꽃과 열매는 어떤 일을 할까요?

▼ 다음 글을 읽고 물음에 답하세요. (1~6)

핵심 개념

꽃

❶ 꽃은 식물의 종류에 따라 크기, 모양, 색깔 등이 다양하지만 비슷한 구조로 이루어져 있어요. 꽃은 대부분 암술, 수술, 꽃잎, 꽃받침으로 이루어져 있지요. 그러나 호박꽃처럼 암술, 수술, 꽃잎, 꽃받침 중 일부가 없는 꽃도 있어요. 꽃을 이루는 각 부분은 어떤 일을 할까요? 암술은 꽃가루받이를 거쳐 씨를 만들고, 수술은 꽃가루를 만들어요. 꽃잎은 암술과 수술을 보호하고, 화려한 색깔로 곤충을 유인하여 꽃가루받이가 잘 이루어지도록 해요. 꽃받침은 꽃잎을 보호하지요.

꽃가루받이

❷ 꽃은 씨를 만드는 일을 해요. 씨를 만들려면 수술에서 만든 꽃가루가 암술로 옮겨 붙어야 하는데, 이것을 꽃가루받이 또는 수분이라고 해요. 꽃가루받이는 곤충, 새, 바람, 물 등의 도움으로 이루어져요. 꽃가루가 벌, 나비 등 곤충에 의해 암술로 옮겨지는 식물에는 코스모스, 사과나무 등이 있고, 꽃가루가 새에 의해 옮겨지는 식물에는 동백나무 등이 있어요. 꽃가루가 바람에 날려 암술로 이동하는 식물에는 벼, 소나무 등이 있고, 꽃가루가 물에 의해 암술로 이동하는 식물에는 검정말, 물수세미 등이 있어요.

열매

❸ 꽃가루받이가 이루어지면 암술 속에서 씨가 만들어져요. 씨가 자라는 동안 씨를 싸고 있는 암술이나 꽃받침 등이 함께 자라서 열매가 돼요. 열매의 생김새는 식물의 종류에 따라 다양하지만 열매가 하는 일은 비슷해요. 열매는 어린 씨를 보호하고 씨가 익으면 멀리 퍼뜨려요.

씨가 퍼지는 방법

❹ 식물의 씨가 퍼지는 방법은 다양해요. 민들레나 단풍나무는 바람에 날려서 씨가 퍼져요. 민들레는 열매에 가벼운 솜털 같은 것이 달려 있어서 바람에 잘 날리고, 단풍나무는 열매에 날개 같은 부분이 있어서 바람에 잘 날려요. 산수유나무나 벚나무는 열매가 동물에게 먹힌 뒤 소화되지 않은 씨가 똥과 함께 나와 퍼져요. 도꼬마리나 도깨비바늘은 동물의 털에 붙어서 퍼져요. 이 밖에도 연꽃이나 야자나무처럼 열매가 물에 실려서 퍼지는 것도 있고, 봉선화나 콩처럼 열매가 터지면서 씨가 튀어 나가는 것도 있어요. 이처럼 씨는 바람, 동물, 물 등의 도움을 받아 멀리 퍼져요.

낱말 풀이

• **유인** 주의나 흥미를 일으켜 꾀어냄.
• **소화** 먹은 음식물을 분해하여 영양분을 흡수하기 쉬운 형태로 변화시키는 일. 또는 그런 작용.

1 문단별 중심 문장의 빈칸에 들어갈 알맞은 핵심 어휘를 찾아 √표 하세요.

> ### 꽃과 열매는 어떤 일을 할까요?

❶문단 꽃은 대부분 (   ), 수술, 꽃잎, 꽃받침으로 이루어져 있다.
- ☐ 암술
- ☐ 열매

❷문단 꽃은 (   )를 거쳐 씨를 만든다.
- ☐ 꽃가루
- ☐ 꽃가루받이

❸문단 (   )은/는 어린 씨를 보호하고 씨가 익으면 멀리 퍼뜨린다.
- ☐ 꽃
- ☐ 열매

❹문단 식물의 (   )이/가 퍼지는 방법은 다양하다.
- ☐ 꽃
- ☐ 씨

2 이 글을 읽고 알 수 있는 내용으로 알맞은 것에는 ○표, 알맞지 않은 것에는 ×표 하세요.

(1) 단풍나무는 바람에 날려서 씨가 퍼진다. ⸺⸺⸺⸺⸺⸺⸺⸺ (   )

(2) 연꽃은 열매가 터지면서 씨가 튀어 나가 퍼진다. ⸺⸺⸺⸺⸺ (   )

(3) 꽃가루받이는 곤충, 새, 바람, 물 등의 도움으로 이루어진다. ⸺⸺ (   )

(4) 수술에서 만든 꽃가루가 암술로 옮겨 붙는 것을 꽃가루받이라고 한다. ⸺ (   )

3 이 글을 읽고 꽃의 구조를 정리한 내용으로 알맞지 <u>않은</u> 것을 고르세요. ( )

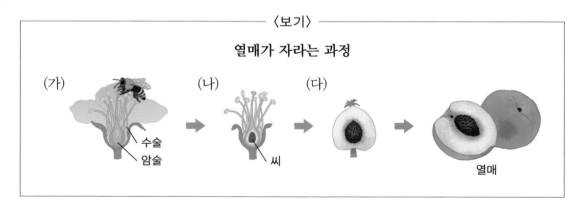

꽃의 구조

모든 꽃은 암술, 수술, 꽃잎, 꽃받침으로 이루어져 있다. ──── ①

꽃잎: 암술과 수술을 보호한다. ──── ②

암술: 꽃가루받이를 거쳐 씨를 만든다. ──── ③

수술: 꽃가루를 만든다. ──── ④

꽃받침: 꽃잎을 보호한다. ──── ⑤

4 이 글을 바탕으로 할 때, <보기>의 (가)~(다) 과정에 대한 설명으로 알맞지 <u>않은</u> 것을 고르세요.
( )

─────── 〈보기〉 ───────

열매가 자라는 과정

(가) 수술 암술 → (나) 씨 → (다) → 열매

① (가) – 꽃가루받이가 이루어진다.

② (가) – 꽃가루가 암술로 옮겨 붙는다.

③ (나) – 수술 속에서 씨가 만들어진다.

④ (다) – 씨가 자라는 동안 열매는 씨를 보호한다.

⑤ (다) – 씨를 싸고 있는 암술이나 꽃받침 등이 함께 자라서 열매가 된다.

5 다음 구조도의 빈칸에 들어갈 알맞은 어휘를 쓰세요.

꽃과 열매

- 꽃: [   ] 를 거쳐 씨를 만든다.
- 열매: 어린 씨를 보호하고 씨가 익으면 멀리 퍼뜨린다.

꽃가루받이 방법

- [   ] 에 의한 꽃가루받이
- 새에 의한 꽃가루받이
- 바람에 의한 꽃가루받이
- 물에 의한 꽃가루받이

씨가 퍼지는 방법

- [   ] 에 날려서 퍼진다.
- 동물에게 먹혀서 퍼진다.
- 동물의 털에 붙어서 퍼진다.
- 물에 실려서 퍼진다.
- 열매가 터져서 퍼진다.

---

6 다음 식물의 씨가 퍼지는 방법을 쓰세요.

식물	 민들레	 산수유나무	 도꼬마리
씨가 퍼지는 방법	바람에 날려서 씨가 퍼집니다.	동물에게 먹혀서 씨가 퍼집니다.	＿＿＿＿＿＿＿＿＿ ＿＿＿＿＿＿＿＿＿

✦ 개념

▼ 그림으로 중요한 개념을 만나 보세요.

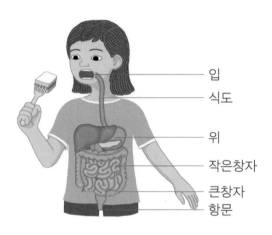

소화 기관

- 입
- 식도
- 위
- 작은창자
- 큰창자
- 항문

**음식물을 잘게 쪼개어
영양소를 흡수한다**

✦ 어휘

▼ 개념에서 살펴본 어휘를 문장의 빈칸에 써 보세요.

영양소를 흡수할 수 있도록 음식물을 잘게 쪼개는 과정을 **소화**라고 해요.

□□□□에는 입, 식도, 위, 작은창자, 큰창자, 항문 등이 있어요.

음식물은 입, 식도, □, 작은창자, 큰창자, 항문을 거치며 소화돼요.

소화 기관은 음식물을 잘게 쪼개어 □□□를 흡수해요.

소화 기관은 음식물 속의 영양소를 흡수하고,
호흡 기관은 산소를 받아들이고 이산화 탄소를 내보내요.

호흡 기관

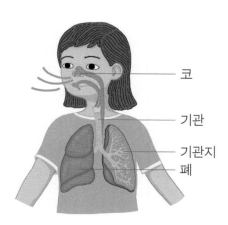

코

기관

기관지
폐

**산소를 받아들이고
이산화 탄소를 내보낸다**

숨을 들이마시고 내쉬는 활동을 **호흡**이라고 해요.

☐☐ ☐☐에는 코, 기관, 기관지, 폐 등이 있어요.

숨을 들이마실 때 코로 들어온 공기는 기관, 기관지를 거쳐 ☐로 들어가요.

호흡 기관은 ☐☐를 받아들이고 **이산화 탄소**를 내보내요.

소화 기관과 호흡 기관은 어떤 일을 할까요?

핵심 개념

기관

① 우리가 움직이고 밥을 먹고 숨을 쉬는 등 일상생활을 할 수 있는 것은 우리 몸에 다양한 일을 하는 부분들이 있기 때문이에요. 이처럼 우리가 살아가는 데 필요한 일을 하는 몸속 부분을 기관이라고 해요.

뼈와 근육

② 우리가 몸을 자유롭게 움직일 수 있는 것은 뼈와 근육이 있기 때문이에요. 뼈는 우리 몸의 형태를 만들고 몸을 지탱해요. 또 뇌, 심장, 폐 등 몸속 기관을 보호해요. 근육은 뼈와 연결되어 있는데, 길이가 줄어들거나 늘어나면서 뼈를 움직이게 해요.

소화 기관

③ 우리가 살아가는 데 필요한 에너지와 영양소는 음식물에서 얻어요. 영양소를 흡수할 수 있도록 음식물을 잘게 쪼개는 과정을 소화라고 하며, 소화에 관여하는 기관을 소화 기관이라고 해요. 소화 기관에는 입, 식도, 위, 작은창자, 큰창자, 항문 등이 있어요. 간, 쓸개, 이자는 소화를 도와주는 기관이에요. 우리가 먹은 음식물은 입, 식도, 위, 작은창자, 큰창자, 항문을 순서대로 지나가요. 이 과정에서 소화 기관은 음식물을 잘게 쪼개고 음식물 속의 영양소를 몸속으로 흡수한 뒤 나머지는 항문으로 배출해요.

④ 소화 기관의 생김새와 하는 일을 살펴볼까요? 입은 이로 음식물을 잘게 부수고 혀로 음식물과 침을 섞어 삼킬 수 있도록 해요. 식도는 긴 관 모양으로, 음식물이 위로 이동하는 통로예요. 위는 주머니 모양이며, 소화를 돕는 액체를 분비해 음식물을 잘게 쪼개요. 작은창자는 꼬불꼬불한 관 모양으로, 소화를 돕는 액체를 분비해 음식물을 더 잘게 쪼개고 영양소를 흡수해요. 큰창자는 굵은 관 모양으로, 음식물 찌꺼기에 남아 있는 수분을 흡수해요. 항문은 소화되지 않은 음식물 찌꺼기를 몸 밖으로 배출해요.

호흡 기관

⑤ 한편 우리는 끊임없이 숨을 쉬어야 살 수 있어요. 숨을 들이마시고 내쉬는 활동을 호흡이라고 하며, 호흡에 관여하는 기관을 호흡 기관이라고 해요. 호흡 기관에는 코, 기관, 기관지, 폐 등이 있어요. 코는 공기가 드나드는 곳이고, 기관은 굵은 관 모양이며 공기가 이동하는 통로예요. 기관지는 나뭇가지 모양으로, 기관과 폐를 이어 주며 공기가 이동하는 통로예요. 폐는 가슴 양쪽에 한 개씩 있는데, 몸 밖에서 들어온 산소를 받아들이고 몸속에서 생긴 이산화 탄소를 몸 밖으로 내보내요. 숨을 들이마실 때 코로 들어온 공기는 기관, 기관지를 거쳐 폐로 들어가 우리 몸에 필요한 산소를 공급해요. 산소는 우리가 몸을 움직이거나 몸속 기관이 일을 하는 데 사용돼요. 숨을 내쉴 때 몸속의 공기는 폐, 기관지, 기관, 코를 거쳐 몸 밖으로 나가요.

낱말 풀이

• **관여** 어떤 일에 관계하여 참여함.

1 문단별 중심 문장의 빈칸에 들어갈 알맞은 핵심 어휘를 찾아 √표 하세요.

소화 기관과 호흡 기관은 어떤 일을 할까요?

①문단 우리가 살아가는 데 필요한 일을 하는 몸속 부분을 (   )
이라고 한다.
- [ ] 근육
- [ ] 기관

②문단 (   )는 우리 몸의 형태를 만들고 몸을 지탱하며 몸속 기
관을 보호하고, 근육은 뼈를 움직이게 한다.
- [ ] 뼈
- [ ] 폐

③문단 (   )에는 입, 식도, 위, 작은창자, 큰창자, 항문 등이 있
으며, 음식물을 잘게 쪼개 영양소를 흡수한다.
- [ ] 소화 기관
- [ ] 호흡 기관

④문단 위는 음식물을 잘게 쪼개고, (   )는 영양소를 흡수하고,
항문은 음식물 찌꺼기를 몸 밖으로 배출한다.
- [ ] 큰창자
- [ ] 작은창자

⑤문단 (   )에는 코, 기관, 기관지, 폐 등이 있으며, 산소를 받아
들이고 이산화 탄소를 내보낸다.
- [ ] 소화 기관
- [ ] 호흡 기관

2 이 글을 읽고 알 수 있는 내용으로 알맞은 것에는 ○표, 알맞지 않은 것에는 ✕표 하세요.

(1) 간, 쓸개, 이자는 소화를 도와준다. ────────────────── (   )

(2) 숨을 들이마시고 내쉬는 활동을 호흡이라고 한다. ───────── (   )

(3) 식도는 긴 관 모양으로, 음식물이 위로 이동하는 통로이다. ──── (   )

(4) 음식물은 입, 식도, 위, 큰창자, 작은창자, 항문을 순서대로 지나간다. ──── (   )

3 뼈와 근육에 대한 설명으로 알맞지 <u>않은</u> 것을 고르세요.　　　　　　　(　　)

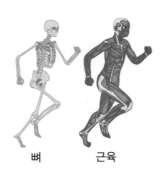

뼈　　　근육

① 뼈는 몸속 기관을 보호한다.

② 근육은 뼈와 연결되어 있다.

③ 뼈는 스스로 움직일 수 있다.

④ 뼈는 우리 몸의 형태를 만든다.

⑤ 근육은 길이가 줄어들거나 늘어나면서 뼈를 움직인다.

4 <보기>의 ㉠~㉤에 대한 설명으로 알맞지 <u>않은</u> 것을 고르세요.　　　　　(　　)

〈보기〉

(가)　　　**소화 기관**

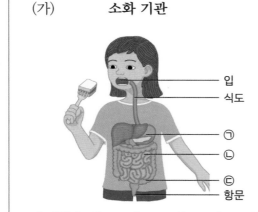

입
식도
㉠
㉡
㉢
항문

음식물은 입 → 식도 → ㉠ → ㉡ → ㉢
→ 항문 순서로 지나갑니다.

(나)　　　**호흡 기관**

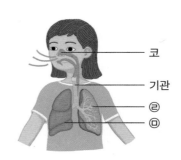

코
기관
㉣
㉤

숨을 들이마실 때 공기는 코 → 기관 →
㉣ → ㉤ 순서로 이동합니다.

① ㉠은 소화를 돕는 액체를 분비해 음식물을 잘게 쪼갠다.

② ㉡은 음식물을 더 잘게 쪼개고 영양소를 흡수한다.

③ ㉢은 소화되지 않은 음식물 찌꺼기를 몸 밖으로 배출한다.

④ ㉣은 기관과 폐를 이어 주며 공기가 이동하는 통로이다.

⑤ ㉤은 산소를 받아들이고 이산화 탄소를 몸 밖으로 내보낸다.

5 다음 구조도의 빈칸에 들어갈 알맞은 어휘를 쓰세요.

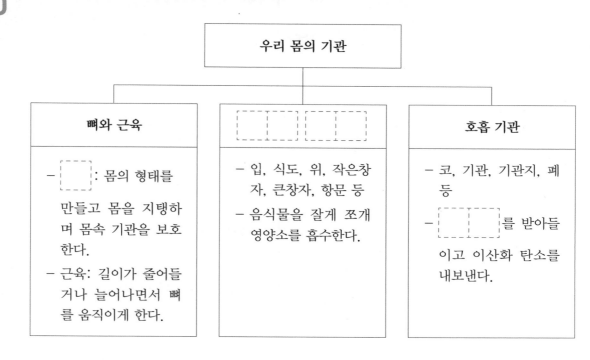

우리 몸의 기관

뼈와 근육	□□□	호흡 기관
– □ : 몸의 형태를 만들고 몸을 지탱하며 몸속 기관을 보호한다. – 근육: 길이가 줄어들거나 늘어나면서 뼈를 움직이게 한다.	– 입, 식도, 위, 작은창자, 큰창자, 항문 등 – 음식물을 잘게 쪼개 영양소를 흡수한다.	– 코, 기관, 기관지, 폐 등 – □□를 받아들이고 이산화 탄소를 내보낸다.

6 숨을 내쉴 때 우리 몸속에서 공기가 어떻게 이동하는지 쓰세요.

숨을 들이마실 때	숨을 들이마실 때 공기는 코 → 기관 → 기관지 → 폐로 들어갑니다.
숨을 내쉴 때	

✦ 개념

▼ 그림으로 중요한 개념을 만나 보세요.

순환 기관

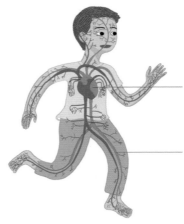

심장
펌프 작용을 하여 혈액을
온몸으로 보낸다

혈관
혈액이 이동하는
통로이다

**산소와 영양소를
온몸으로 운반한다**

✦ 어휘

▼ 개념에서 살펴본 어휘를 문장의 빈칸에 써 보세요.

혈액이 온몸을 도는 과정을 **순환**이라고 해요.

☐☐ ☐☐ 에는 심장과 혈관이 있어요.

☐☐ 은 펌프 작용을 하여 혈액을 온몸으로 보내요.

☐☐ 은 혈액이 이동하는 통로예요.

순환 기관은 산소와 영양소를 운반하고,
배설 기관은 노폐물을 걸러 내어 몸 밖으로 내보내요.

배설 기관

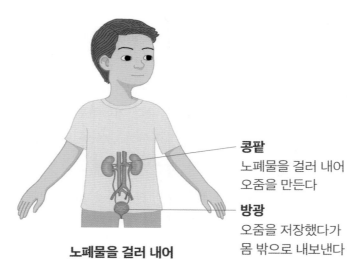

콩팥
노폐물을 걸러 내어
오줌을 만든다

방광
오줌을 저장했다가
몸 밖으로 내보낸다

**노폐물을 걸러 내어
몸 밖으로 내보낸다**

혈액 속 노폐물을 몸 밖으로 내보내는 과정을 **배설**이라고 해요.

[   ]에는 콩팥, 방광 등이 있어요.

[ ]은 혈액에 있는 노폐물을 걸러 내어 오줌을 만들어요.

[ ]은 오줌을 저장했다가 몸 밖으로 내보내요.

순환 기관과 배설 기관은 어떤 일을 할까요?

핵심 개념

▼ 다음 글을 읽고 물음에 답하세요. (1~6)

❶ 소화 기관에서 흡수한 영양소와 호흡 기관에서 흡수한 산소는 우리 몸에서 어떻게 이동할까요? 또 몸속에서 생기는 필요 없거나 해가 되는 물질인 노폐물은 어떻게 몸 밖으로 나갈까요? 우리 몸속에서 일어나는 순환과 배설에 대해 알아보아요.

순환 기관

❷ 우리가 생명을 유지하려면 혈액이 온몸을 돌며 살아가는 데 필요한 물질과 몸에서 생긴 노폐물을 운반해야 해요. 혈액이 온몸을 도는 과정을 순환이라고 하며, 순환에 관여하는 기관을 순환 기관이라고 해요. 순환 기관에는 심장과 혈관이 있어요. 심장은 자신의 주먹만 한 크기이며, 가슴 중앙에서 왼쪽으로 약간 치우쳐 있어요. 혈관은 굵기가 다양한 긴 관이 복잡하게 얽힌 모양으로, 온몸에 퍼져 있어요. 심장은 쉬지 않고 펌프 작용을 하여 혈액을 온몸으로 내보내고, 혈관은 혈액이 이동하는 통로 역할을 해요. 심장에서 나온 혈액은 혈관을 따라 이동하면서 우리 몸에 필요한 산소와 영양소를 온몸으로 운반하고, 몸에서 생긴 이산화 탄소와 노폐물을 몸 밖으로 내보낼 수 있도록 운반해요. 혈액은 온몸을 거쳐 다시 심장으로 돌아오는 순환 과정을 반복하지요.

혈액 순환 모형실험

❸ 이러한 혈액 순환의 과정을 모형실험을 통해 살펴 볼까요? 붉은 색소 물이 담긴 수조에 주입기를 넣고, 주입기의 펌프를 빠르게 또는 느리게 누르면서 물이 이동하는 모습을 관찰해요. 펌프를 빠르게 누르면 붉은 색소 물이 이동하는 빠르기가 빨라지고, 붉은 색소 물의 이동량이 많아져요. 반대로 펌프를 느리게 누르면 붉은 색소 물이 이동하는 빠르기가 느려지고, 붉은 색소 물의 이동량이 적어지지요. 여기서 주입기의 펌프는 심장, 주입기의 관은 혈관, 붉은 색소 물은 혈액의 역할을 해요.

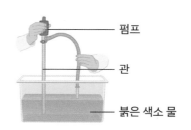

펌프

관

붉은 색소 물

배설 기관

❹ 한편 생명 활동을 유지하는 과정에서 우리 몸에는 노폐물이 생기는데, 노폐물이 몸속에 쌓이게 되면 몸에 해로워요. 이러한 혈액 속 노폐물을 몸 밖으로 내보내는 과정을 배설이라고 하며, 배설에 관여하는 기관을 배설 기관이라고 해요. 배설 기관에는 콩팥, 방광 등이 있어요. 콩팥은 강낭콩 모양으로, 등허리 쪽에 두 개가 있어요. 콩팥과 연결된 방광은 작은 주머니 모양이에요. 콩팥은 혈액에 있는 노폐물을 걸러 내어 오줌을 만들고, 방광은 오줌을 저장했다가 몸 밖으로 내보내요. 콩팥에서 노폐물이 걸러진 깨끗한 혈액은 다시 혈관을 통해 온몸을 순환해요.

낱말 풀이

• **주입기** 기름 등의 액체가 흘러 들어가도록 부어 넣는 데에 쓰는 기구.
• **등허리** 등의 허리 쪽 부분.

1 문단별 중심 문장의 빈칸에 들어갈 알맞은 핵심 어휘를 찾아 √표 하세요.

> ## 순환 기관과 배설 기관은 어떤 일을 할까요?

❶문단 영양소와 산소가 어떻게 이동하며, (   )은 어떻게 몸 밖으로 나갈까?

☐ 혈액
☐ 노폐물

❷문단 (   )에는 심장과 혈관이 있으며, 산소와 영양소를 온몸으로 운반한다.

☐ 배설 기관
☐ 순환 기관

❸문단 (   )의 과정을 모형실험을 통해 알아볼 수 있다.

☐ 혈액 순환
☐ 노폐물 배설

❹문단 (   )에는 콩팥, 방광 등이 있으며, 혈액 속 노폐물을 걸러 내어 몸 밖으로 내보낸다.

☐ 배설 기관
☐ 순환 기관

2 이 글을 읽고 알 수 있는 내용으로 알맞은 것에는 ○표, 알맞지 않은 것에는 ✕표 하세요.

(1) 혈액이 온몸을 도는 과정을 순환이라고 한다. ──────── (   )

(2) 방광은 혈액에 있는 노폐물을 걸러 내어 오줌을 만든다. ──────── (   )

(3) 혈액 순환 모형실험에서 주입기의 펌프는 심장 역할을 한다. ──────── (   )

(4) 혈액 속 노폐물을 몸 밖으로 내보내는 과정을 배설이라고 한다. ──────── (   )

3 이 글을 읽고 순환 기관에 대해 정리한 내용으로 알맞지 <u>않은</u> 것을 고르세요. ( )

순환 기관

심장

  – 자신의 주먹만 한 크기이다. ········· ①
  – 펌프 작용을 하여 혈액을 온몸으로
    내보낸다. ······················ ②

혈관

  – 굵기가 같은 긴 관이 복잡하게 얽힌
    모양이다. ······················ ③
  – 온몸에 퍼져 있다. ··············· ④
  – 혈액이 이동하는 통로이다. ········· ⑤

4 <보기>의 ㉠과 ㉡에 대한 설명으로 알맞지 <u>않은</u> 것을 고르세요. ( )

〈보기〉

　배설 기관에는 콩팥, 오줌관, 방광, 요도 등이 있습니다. 배설 기관에서 일어나는 배설 과정을 살펴보면 다음과 같습니다. 먼저 노폐물이 많아진 혈액이 콩팥으로 운반됩니다. 콩팥은 혈액 속의 노폐물을 걸러 내어 오줌을 만듭니다. 만들어진 오줌은 오줌관을 지나 방광에 모였다가 일정한 양이 되면 요도를 거쳐 몸 밖으로 나갑니다.

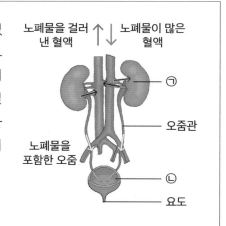

노폐물을 걸러 낸 혈액 　노폐물이 많은 혈액

㉠

오줌관

노폐물을 포함한 오줌

㉡

요도

① ㉠은 강낭콩 모양이다.

② ㉠은 등허리 쪽에 두 개가 있다.

③ ㉠은 혈액에 있는 노폐물을 걸러 낸다.

④ ㉡은 콩팥과 연결되어 있으며 작은 주머니 모양이다.

⑤ ㉡을 통과한 깨끗한 혈액은 다시 혈관을 통해 온몸을 순환한다.

5 다음 구조도의 빈칸에 들어갈 알맞은 어휘를 쓰세요.

우리 몸의 기관

┌─────────────┐
│ ☐ ☐ ☐ ☐ │
├─────────────┤
│ – ☐ ☐ ☐ , 혈관 │
│ – 산소와 영양소를 온몸으로 운반하 │
│   고, 몸에서 생긴 이산화 탄소와 노폐 │
│   물을 운반한다. │
└─────────────┘

┌─────────────┐
│ 배설 기관 │
├─────────────┤
│ – 콩팥, 방광 등 │
│ – 혈액 속 ☐ ☐ ☐ 을 걸러 내 │
│   어 몸 밖으로 내보낸다. │
└─────────────┘

6 심장에서 나온 혈액이 온몸을 돌며 하는 일을 쓰세요.

┌─── 〈조건〉 ───┐
1. 주어진 어휘를 모두 넣어 쓰세요.
   (산소) (영양소) (온몸)
2. 한 문장으로 쓰세요.
└──────────────┘

| 심장에서 나온
혈액이 하는 일 | ⎯ ⎯ ⎯ ⎯ ⎯ ⎯ ⎯ ⎯ ⎯ ⎯ ⎯ ⎯ ⎯ ⎯ ⎯ ⎯ ⎯ ⎯ ⎯

⎯ ⎯ ⎯ ⎯ ⎯ ⎯ ⎯ ⎯ ⎯ ⎯ ⎯ ⎯ ⎯ ⎯ ⎯ ⎯ ⎯ ⎯ ⎯ |

▼ 그림으로 중요한 개념을 만나 보세요.

감각 기관

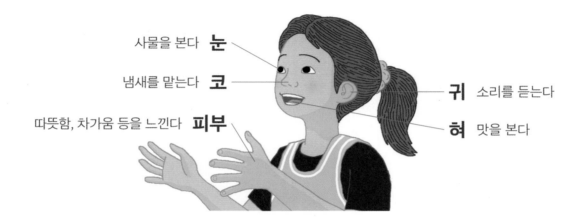

사물을 본다 **눈**

냄새를 맡는다 **코**

따뜻함, 차가움 등을 느낀다 **피부**

귀 소리를 듣는다

혀 맛을 본다

▼ 개념에서 살펴본 어휘를 문장의 빈칸에 써 보세요.

주변의 자극을 받아들이는 것을 **감각**이라고 해요.

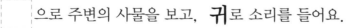

☐☐ ☐☐ 에는 눈, 귀, 코, 혀, 피부 등이 있어요.

☐ 으로 주변의 사물을 보고, **귀**로 소리를 들어요.

☐ 로 냄새를 맡고, **혀**로 맛을 보고, ☐☐ 로 따뜻함, 차가움 등을 느껴요.

감각 기관에서 받아들인 자극은 신경계를 통해 전달되고,
신경계가 행동을 결정하여 명령을 전달하면 운동 기관이 반응해요.

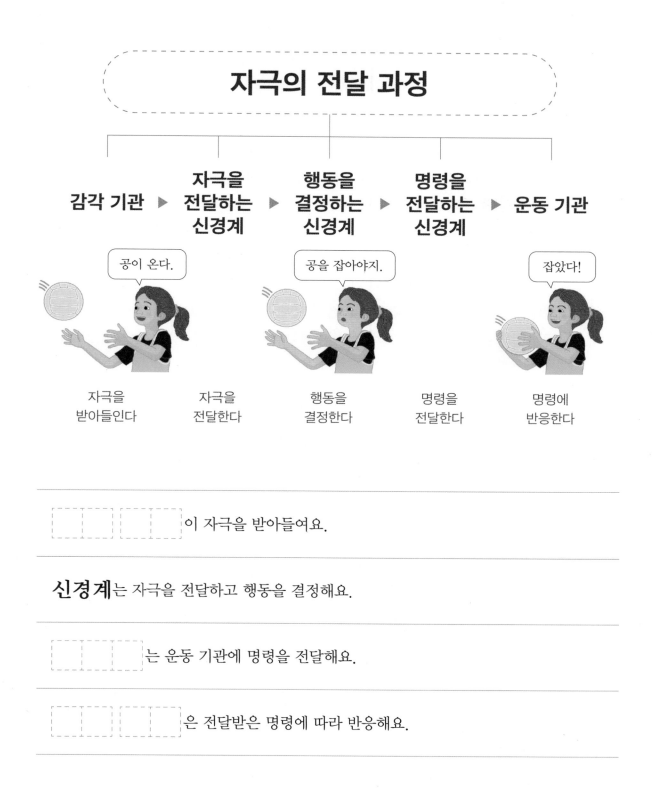

자극의 전달 과정

감각 기관 ▶ 자극을 전달하는 신경계 ▶ 행동을 결정하는 신경계 ▶ 명령을 전달하는 신경계 ▶ 운동 기관

공이 온다.

공을 잡아야지.

잡았다!

자극을 받아들인다   자극을 전달한다   행동을 결정한다   명령을 전달한다   명령에 반응한다

☐☐ ☐☐ 이 자극을 받아들여요.

신경계는 자극을 전달하고 행동을 결정해요.

☐☐☐ 는 운동 기관에 명령을 전달해요.

☐☐ ☐☐ 은 전달받은 명령에 따라 반응해요.

우리 몸에서 자극은 어떻게 전달될까요?

핵심 개념

감각 기관

① 노랫소리를 듣거나 음식 냄새를 맡는 등 우리 몸은 주변의 다양한 자극을 받아들여요. 우리 몸에서 주변의 자극을 받아들이는 것을 감각이라 하며, 자극을 받아들여 전달하는 과정에 관여하는 기관을 감각 기관이라고 해요. 감각 기관에는 눈, 귀, 코, 혀, 피부 등이 있어요.

② 각 감각 기관에 대해 자세히 알아볼까요? 눈은 얼굴에 두 개가 있고, 주변의 사물을 봐요. 귀는 머리 양옆에 두 개가 있고, 소리를 들어요. 코는 얼굴 가운데에 튀어나와 있고, 냄새를 맡아요. 혀는 입안에 있고, 맛을 봐요. 피부는 온몸을 싸고 있으며, 따뜻함, 차가움, 촉감 등을 느껴요.

자극의 전달 과정

③ 우리 몸이 자극을 받으면 어떤 과정을 거쳐 반응할까요? 감각 기관이 자극을 받아들이면 자극을 전달하는 신경계가 자극을 전달해요. 행동을 결정하는 신경계는 전달받은 자극을 해석하여 행동을 결정하고, 명령을 전달하는 신경계를 통해 이를 운동 기관에 전달해요. 운동 기관은 전달받은 명령에 따라 반응해요. 예를 들어 피구 경기를 할 때 공이 날아오면 공을 잡기도 하고 피하기도 해요. 날아오는 공을 잡는 과정을 생각해 볼까요? 감각 기관인 눈으로 날아오는 공을 보면 자극을 전달하는 신경계를 통해 공을 봤다는 자극이 전달돼요. 그러면 행동을 결정하는 신경계가 공을 잡을지 피할지 결정해요. 명령을 전달하는 신경계가 공을 잡으라는 명령을 운동 기관에 전달하면 운동 기관에서 공을 잡아요.

운동할 때 우리 몸의 변화

④ 운동을 할 때 우리 몸에는 어떤 변화가 일어날까요? 달리기나 줄넘기 같은 운동을 하면 심장이 빨리 뛰고 호흡이 빨라져요. 또 체온이 올라가고 땀이 나는 등 다양한 변화가 나타나요. 이러한 변화는 우리 몸의 여러 기관이 하는 일과 관련이 있어요. 운동을 하면 우리 몸은 에너지를 얻기 위해 산소가 많이 필요해요. 따라서 체내에 산소를 많이 공급하기 위해 호흡이 빨라져요. 운동할 때 필요한 산소와 영양소를 운동 기관으로 빠르게 운반하기 위해 혈액 순환이 빨라지도록 심장이 빨리 뛰어요. 그리고 운동을 하면 근육이 움직이면서 열이 발생하여 체온이 높아져요. 이처럼 운동을 하는 동안 우리 몸의 여러 기관은 서로 영향을 주고받으며 일해요. 각 기관들이 조화를 이루며 각각의 기능을 잘 수행할 때 우리는 건강하게 생활할 수 있어요.

낱말 풀이

• **자극** 생물에 작용하여 반응을 일으키게 하는 일. 또는 그런 작용의 요인.
• **신경계** 몸속의 상태와 바깥 환경의 변화에 반응하고 적응하는 데 관여하는 신경 조직으로 이루어진 기관.
• **해석** 사물이나 행위 등의 내용을 판단하고 이해하는 일. 또는 그 내용.

1 문단별 중심 문장의 빈칸에 들어갈 알맞은 핵심 어휘를 찾아 √표 하세요.

> ### 우리 몸에서 자극은 어떻게 전달될까요?

❶문단 ( )에는 눈, 귀, 코, 혀, 피부 등이 있다.

- ☐ 감각 기관
- ☐ 운동 기관

---

❷문단 눈은 사물을 보고, 귀는 소리를 듣고, 코는 냄새를 맡고, 혀는 맛을 보고, ( )는 따뜻함, 차가움, 촉감 등을 느낀다.

- ☐ 피부
- ☐ 신경계

---

❸문단 감각 기관에서 받아들인 자극은 ( )을/를 통해 전달되고, 신경계가 행동을 결정하여 명령을 전달하면 운동 기관이 반응한다.

- ☐ 신경계
- ☐ 감각 기관

---

❹문단 운동을 하는 동안 우리 몸의 여러 ( )은 서로 영향을 주고받으며 일한다.

- ☐ 기관
- ☐ 자극

2 이 글을 읽고 알 수 있는 내용으로 알맞은 것에는 ○표, 알맞지 않은 것에는 ×표 하세요.

(1) 운동을 하면 호흡이 느려진다. ——————————————— ( )

(2) 운동 기관은 신경계로부터 전달받은 명령에 따라 반응한다. ————— ( )

(3) 우리 몸에서 주변의 자극을 받아들이는 것을 신경이라고 한다. ———— ( )

(4) 행동을 결정하는 신경계는 전달받은 자극을 해석하여 행동을 결정한다. —— ( )

3 각 상황에서 자극을 받아들인 감각 기관이 알맞게 짝지어진 것을 고르세요.　　　　(　)

	상황	감각 기관
①	노랫소리를 들었다.	혀
②	음식 냄새를 맡았다.	귀
③	귤의 단맛을 느꼈다.	눈
④	날아오는 공을 보았다.	코
⑤	강아지 털이 부드러웠다.	피부

4 이 글을 바탕으로 <보기>를 이해한 내용으로 알맞지 <u>않은</u> 것을 고르세요.　　　　(　)

───── 〈보기〉 ─────

　다음 그래프는 운동하기 전, 운동한 직후, 운동하고 5분 휴식 후 체온과 1분 동안 심장 박동 수를 측정하여 나타낸 것이다.

체온과 심장 박동 수 그래프

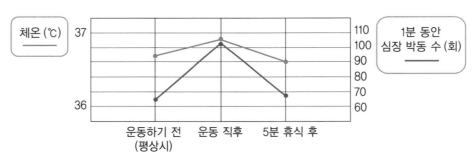

① 운동을 하면 체온이 올라간다.

② 운동을 하면 심장 박동 수가 증가한다.

③ 운동을 하고 시간이 지나면 체온이 내려간다.

④ 운동을 하고 시간이 지나면 심장 박동 수가 운동 직후보다 증가한다.

⑤ 운동을 하고 시간이 지나면 체온과 심장 박동 수가 평상시와 비슷해진다.

다음 구조도의 빈칸에 들어갈 알맞은 어휘를 쓰세요.

```
┌────────────────────────────────────┐
│          감각 기관과 자극의 전달          │
└────────────────────────────────────┘
```

☐☐ ☐☐	자극의 전달 과정
– 눈, 귀, 코, 혀, 피부 등 – 주변의 자극을 받아들인다.	감각 기관 → 자극을 전달하는 신경계 → 행동을 결정하는 ☐☐☐ → 명령을 전달하는 신경계 → ☐☐ ☐☐

날아오는 공을 잡을 때 자극이 전달되고 반응하는 과정을 완성하여 쓰세요.

감각 기관 ↓	날아오는 공을 봅니다.
자극을 전달하는 신경계 ↓	공이 날아온다는 자극을 전달합니다.
행동을 결정하는 신경계 ↓	공을 잡겠다고 결정합니다.
명령을 전달하는 신경계 ↓	───────────────────
운동 기관	공을 잡습니다.

▼ 다음 글을 읽고 물음에 답하세요. (1~3)

(가) 붉은 색소 물에 넣어 둔 백합 줄기를 자른 단면

가로로 자른 단면	세로로 자른 단면
붉은 점들이 줄기에 퍼져 있습니다.	여러 개의 붉은 선이 줄기를 따라 이어져 있습니다.

(나) 증산 작용을 알아보기 위한 실험

⑦　　　　　　⑭

비닐봉지

물

잎을 없앤
봉선화 모종

잎이 있는
봉선화 모종

(다)　　뿌리는 땅속으로 뻗어 식물을 지지하고, 물을 흡수해요. 뿌리의 표면에는 솜털처럼 가는 뿌리털이 나 있어 물을 잘 흡수할 수 있어요.

　　줄기는 잎과 꽃을 받쳐 식물을 지지하는 역할을 해요. 줄기 속에는 물과 양분이 이동하는

1　**(가)를 통해 알 수 있는 줄기의 기능으로 알맞은 것을 고르세요.**　(　　)

① 양분을 만든다.

② 양분을 저장한다.

③ 식물을 지지한다.

④ 물을 식물 밖으로 내보낸다.

⑤ 물이 이동하는 통로 역할을 한다.

2　**(다)를 바탕으로 할 때, (나)에 대한 설명으로 알맞지 않은 것을 고르세요.**　(　　)

① ⑦의 비닐봉지 안에는 물방울이 맺힌다.

② ⑭의 비닐봉지 안에는 물방울이 맺힌다.

③ 잎을 통해 물이 식물 밖으로 빠져나가는 것을 알 수 있다.

④ 이 실험에서 다르게 한 조건은 줄기에 달린 잎의 유무이다.

⑤ 이 실험에서 같게 한 조건은 모종의 크기, 물의 양, 비닐봉지의 크기 등이다.

통로가 있어 뿌리에서 흡수된 물이 줄기를 통해 잎이나 꽃 등으로 이동해요.

식물은 빛, 물, 이산화 탄소를 이용해 양분을 만드는데, 이것을 광합성이라고 해요. 광합성은 주로 잎에서 일어나요. 잎에서 만든 양분은 줄기를 통해 뿌리, 줄기, 열매 등 필요한 부분으로 운반되어 사용되거나 저장돼요.

뿌리에서 흡수한 물은 줄기를 거쳐 잎에 도달해요. 잎의 표면에는 우리 눈에 보이지 않는 작은 구멍인 기공이 있는데, 잎에 도달한 물이 기공을 통해 식물 밖으로 빠져나가는 것을 증산 작용이라고 해요.

꽃은 씨를 만드는 일을 해요. 씨를 만들려면 수술에서 만든 꽃가루가 암술로 옮겨 붙어야 하는데, 이것을 꽃가루받이 또는 수분이라고 해요. 꽃가루받이는 곤충, 새, 바람, 물 등의 도움으로 이루어져요. 꽃가루받이가 이루어지면 암술 속에서 씨가 만들어져요. 씨가 자라는 동안 씨를 싸고 있는 암술이나 꽃받침 등이 함께 자라서 열매가 돼요. 열매는 어린 씨를 보호하고 씨가 익으면 멀리 퍼뜨려요.

3 (다)를 바탕으로 할 때, <보기>의 ㉠~㉢에서 식물의 각 부분이 하는 일로 알맞지 <u>않은</u> 것을 고르세요.
(   )

〈보기〉

식물 역할놀이 대본

[장면] 햇빛이 비치는 맑은 날
- 뿌리: (힘차게) 오늘도 물을 충분히 흡수해야겠어. ┄┄┄┄┄┄┄┄ ㉠
- 줄기: (뿌리를 보며) 뿌리야, 고마워! 뿌리에서 흡수한 물을 식물의 각 부분으로 부지런히 보내야지. ┄┄┄┄┄┄┄┄ ㉡
- 잎: (바쁘게 움직이며) 줄기가 보내 준 물을 이용해서 양분을 만들어야겠어. 남은 물은 증산 작용으로 밖으로 내보내야지. ┄┄┄┄┄┄┄┄ ㉢
- 꽃: (환하게 웃으며) 날씨가 좋아서 꽃가루받이를 도와줄 곤충이 많이 오겠네. 꽃가루받이가 이루어지면 어서 씨를 만들어야지. ┄┄┄┄┄┄┄┄ ㉣
- 열매: (두 팔을 안으로 모으며) 익은 씨가 멀리 퍼지지 않도록 보호해야지. ┄┄┄┄┄┄┄┄ ㉤

---

① ㉠   ② ㉡   ③ ㉢   ④ ㉣   ⑤ ㉤

▼ 문장의 빈칸에 들어갈 알맞은 어휘를 [보기]에서 골라 쓰세요. (1~6)

01 생물을 이루는 세포는 어떻게 생겼을까요?   [보기] **동물 세포 / 세포 / 식물 세포 / 핵**

(1) 모든 생물은 (   )(으)로 이루어져 있다.

(2) (   )은/는 세포벽과 세포막으로 둘러싸여 있고 그 안에 핵이 있다.

02 뿌리, 줄기, 잎은 어떤 일을 할까요?   [보기] **광합성 / 녹말 / 뿌리털 / 증산 작용**

(1) 식물이 빛, 물, 이산화 탄소를 이용해 양분을 만드는 것을 (   )이라고 한다.

(2) 잎에 도달한 물이 기공을 통해 식물 밖으로 빠져나가는 것을 (   )이라고 한다.

03 꽃과 열매는 어떤 일을 할까요?   [보기] **꽃 / 꽃가루받이 / 암술 / 열매**

(1) 꽃은 (   )을/를 거쳐 씨를 만든다.

(2) (   )은/는 어린 씨를 보호하고 씨가 익으면 멀리 퍼뜨린다.

04 소화 기관과 호흡 기관은 어떤 일을 할까요?   [보기] **근육 / 뼈 / 소화 기관 / 호흡 기관**

(1) (   )에는 입, 식도, 위, 작은창자, 큰창자, 항문 등이 있으며, 음식물을 잘게 쪼개 영양소를 흡수한다.

(2) (   )에는 코, 기관, 기관지, 폐 등이 있으며, 산소를 받아들이고 이산화 탄소를 내보낸다.

05 순환 기관과 배설 기관은 어떤 일을 할까요?   [보기] **배설 기관 / 소화 기관 / 순환 기관 / 호흡 기관**

(1) (   )에는 심장과 혈관이 있으며, 산소와 영양소를 온몸으로 운반한다.

(2) (   )에는 콩팥, 방광 등이 있으며, 혈액 속 노폐물을 걸러 내어 몸 밖으로 내보낸다.

06 우리 몸에서 자극은 어떻게 전달될까요?   [보기] **감각 기관 / 신경계 / 운동 기관 / 자극**

(1) (   )에는 눈, 귀, 코, 혀, 피부 등이 있다.

(2) 감각 기관에서 받아들인 자극은 (   )을/를 통해 전달되고, 신경계가 행동을 결정하여 명령을 전달하면 운동 기관이 반응한다.

운동과 에너지

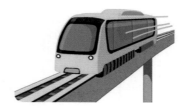

4단원
운동과
에너지

01 빛은 서로 다른 물질의 경계에서
어떻게 나아갈까요?

정답과 해설 22쪽

✦ 개념

▼ 그림으로 중요한 개념을 만나 보세요.

프리즘을 통과한 햇빛

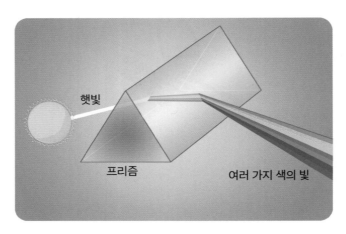

햇빛이 프리즘을 통과하면
여러 가지 색의 빛이 나타난다

✦ 어휘

▼ 개념에서 살펴본 어휘를 문장의 빈칸에 써 보세요.

프리즘은 유리나 플라스틱 등으로 만든 투명한 삼각기둥 모양의 기구예요.

햇빛을 [　　　　]에 통과시켜요.

햇빛이 프리즘을 통과하면 [　　　] [　　　]의 빛이 나타나요.

[　　]은 여러 가지 색의 빛으로 이루어져 있어요.

서로 다른 물질의 경계에서
빛이 꺾여 나아가는 것을 빛의 굴절이라고 해요.

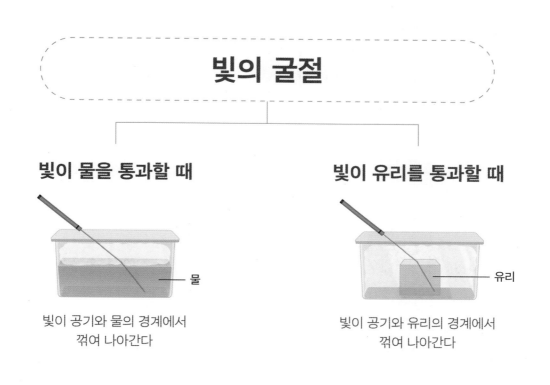

빛의 굴절

빛이 물을 통과할 때

물

빛이 공기와 물의 경계에서
꺾여 나아간다

빛이 유리를 통과할 때

유리

빛이 공기와 유리의 경계에서
꺾여 나아간다

빛이 공기 중에서 **직진**하다가 물이나 유리를 만나요.

빛이 공기 중에서 물로 비스듬히 들어갈 때 공기와 [ ]의 경계에서 꺾여 나아가요.

빛이 공기 중에서 유리로 비스듬히 들어갈 때 공기와 [ ]의 경계에서 꺾여 나아가요.

서로 다른 물질의 경계에서 빛이 꺾여 나아가는 것을 [ ]이라고 해요.

빛은 서로 다른 물질의 경계에서 어떻게 나아갈까요?

▼ 다음 글을 읽고 물음에 답하세요. (1~6)

핵심 개념

프리즘을 통과한 햇빛

❶ 프리즘은 유리나 플라스틱 등으로 만든 투명한 삼각기둥˙ 모양의 기구예요. 햇빛을 프리즘에 통과시키면 어떻게 될까요? 햇빛이 프리즘을 통과하면 여러 가지 색의 빛이 나타나요. 햇빛은 우리 눈에 아무 빛깔이 없는 것처럼 보이지만 실제로는 여러 가지 색의 빛으로 이루어져 있기 때문이에요. 햇빛이 프리즘을 통과할 때 나아가는 방향이 꺾이는데, 빛의 색에 따라 꺾이는 정도가 달라 여러 가지 색의 빛으로 나타나지요.

햇빛이 여러 가지 색의 빛으로 보이는 현상

❷ 비가 내린 뒤 볼 수 있는 무지개는 햇빛이 여러 가지 색의 빛으로 나뉘어 보이는 대표적인 현상이에요. 무지개는 햇빛이 공기 중에 떠 있는 물방울을 통과하면서 여러 가지 색의 빛으로 나뉘어 생겨요. 또 햇빛이 비치는 곳에 둔 유리 장식이나 물이 담긴 유리컵 주변에서도 여러 가지 색의 빛이 나타나는 것을 볼 수 있어요. 사람들은 햇빛이 프리즘 등을 통과할 때 나타나는 여러 가지 색의 빛을 예술 작품이나 건물 내부 장식에 이용하기도 해요.

빛의 굴절

❸ 빛은 공기 중에서 직진하는 성질이 있어요. 공기 중에서 직진하던 빛이 물이나 유리를 만나면 어떻게 될까요? 빛이 공기 중에서 물로 비스듬히 나아갈 때 공기와 물의 경계˙에서 꺾여 나아가요. 또 빛이 공기 중에서 유리로 비스듬히 나아갈 때도 공기와 유리의 경계에서 꺾여 나아가요. 이렇게 서로 다른 물질의 경계에서 빛이 꺾여 나아가는 것을 빛의 굴절이라고 해요. 빛이 물에서 공기 중으로, 유리에서 공기 중으로 비스듬히 나아갈 때도 물과 공기의 경계, 유리와 공기의 경계에서 굴절해요.

빛이 굴절하는 모습

빛의 굴절로 인한 현상

❹ 물속에 있는 물체를 물 밖에서 보면 실제 물체와 다르게 보여요. 그 까닭은 공기와 물의 경계에서 빛이 굴절하기 때문이에요. 사람은 눈으로 들어온 빛의 연장선에 물체가 있다고 생각하는데, 물속에 있는 물체에서 오는 빛이 공기 중으로 나올 때 굴절하여 눈에 들어오기 때문에 원래의 모습과 다르게 보여요. 예를 들어 물이 담긴 컵 속의 빨대는 꺾여서 보이고, 물속에 있는 다리를 물 밖에서 보면 실제보다 다리가 짧아 보여요. 또 물속에 있는 물고기를 보면 물고기는 실제 위치보다 더 위쪽에 있는 것처럼 보여요.

낱말 풀이

• **삼각기둥** 밑면이 삼각형인 기둥체.
• **경계** 서로 다른 두 지역이나 사물이 구분되는 지점.

1 문단별 중심 문장의 빈칸에 들어갈 알맞은 핵심 어휘를 찾아 √표 하세요.

> ### 빛은 서로 다른 물질의 경계에서 어떻게 나아갈까요?

❶문단 햇빛이 (   )을 통과하면 여러 가지 색의 빛이 나타난다.

□ 거울
□ 프리즘

❷문단 햇빛이 여러 가지 색의 빛으로 나뉘어 보이는 현상으로 (   ) 등이 있다.

□ 무지개
□ 물방울

❸문단 서로 다른 물질의 경계에서 빛이 꺾여 나아가는 것을 (   ) 이라고 한다.

□ 빛의 굴절
□ 빛의 직진

❹문단 물속에 있는 물체를 물 밖에서 보면 실제 물체와 (   ) 보인다.

□ 같게
□ 다르게

2 이 글을 읽고 알 수 있는 내용으로 알맞은 것에는 ○표, 알맞지 않은 것에는 ×표 하세요.

(1) 햇빛이 프리즘을 통과할 때 나아가는 방향이 꺾인다. ································ (   )

(2) 물속에 있는 다리를 물 밖에서 보면 실제보다 다리가 길어 보인다. ················ (   )

(3) 프리즘은 유리나 플라스틱 등으로 만든 투명한 삼각기둥 모양의 기구이다. ······ (   )

(4) 빛이 공기 중에서 유리로 비스듬히 나아갈 때 공기와 유리의 경계에서 곧게 나아간다. ··· (   )

3 햇빛이 프리즘을 통과할 때 나타나는 모습을 보고 알 수 있는 햇빛의 특징으로 알맞은 것을 고르세요. ( )

① 햇빛은 아무런 색이 없다.

② 햇빛은 프리즘을 통과하면 한 점에 모인다.

③ 햇빛은 한 가지 색의 빛으로 이루어져 있다.

④ 햇빛은 여러 가지 색의 빛으로 이루어져 있다.

⑤ 햇빛은 프리즘을 통과할 때 꺾이지 않고 곧게 나아간다.

4 <보기>의 실험 결과를 통해 알 수 있는 내용으로 알맞은 것을 고르세요. ( )

───── 〈보기〉 ─────

– 실험 과정

1. 레이저 지시기의 빛을 수조 위쪽에서 아래쪽으로 여러 각도에서 비춘다.

2. 빛이 나아가는 모습을 관찰하여 화살표로 나타내 본다.

– 실험 결과

레이저 지시기

공기

물

1. 빛을 비스듬하게 비추면 빛이 공기와 물의 경계에서 꺾여 나아간다.

2. 빛을 수직으로 비추면 빛이 공기와 물의 경계에서 꺾이지 않고 그대로 나아간다.

① 빛이 공기와 유리의 경계에서 굴절한다.

② 빛이 공기와 유리의 경계에서 곧게 나아간다.

③ 빛이 공기와 물의 경계에서 다시 공기 중으로 나온다.

④ 빛이 공기 중에서 물로 비스듬히 나아갈 때 굴절한다.

⑤ 빛이 공기 중에서 물로 수직으로 나아갈 때 꺾여 나아간다.

5 다음 구조도의 빈칸에 들어갈 알맞은 어휘를 쓰세요.

프리즘을 통과한 햇빛
– □□□은 유리나 플라스틱 등으로 만든 투명한 삼각기둥 모양의 기구이다. – 햇빛이 프리즘을 통과하면 여러 가지 색의 빛이 나타난다.

빛의 굴절
– 서로 다른 물질의 경계에서 빛이 꺾여 나아가는 것을 빛의 □□이라고 한다. – 빛은 공기와 □의 경계, 공기와 유리의 경계에서 굴절한다.

6 실제 물고기의 위치와 사람의 눈에 보이는 물고기의 위치의 기호를 쓰고, 물속에 있는 물체의 모습이 실제와 다른 위치에 있는 것처럼 보이는 까닭을 쓰세요.

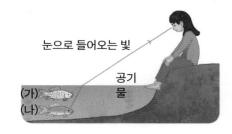

눈으로 들어오는 빛

공기
물

(가)
(나)

┌─── 〈조건〉 ───┐
1. 주어진 어휘를 모두 넣어 쓰세요.
　(공기) (굴절) (물) (빛)
2. 한 문장으로 쓰세요.

실제 물고기의 위치	
눈에 보이는 물고기의 위치	
까닭	

02 볼록 렌즈의 특징은 무엇일까요?

정답과 해설 23쪽

✦ 개념

▼ 그림으로 중요한 개념을 만나 보세요.

볼록 렌즈의 특징

볼록 렌즈를 통과한 빛

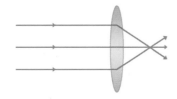

빛이 굴절한다

볼록 렌즈로 본 물체의 모습

크게 보이기도 하고
상하좌우가 바뀌어 보이기도 한다

✦ 어휘

▼ 개념에서 살펴본 어휘를 문장의 빈칸에 써 보세요.

볼록 렌즈는 가운데 부분이 가장자리보다 두꺼운 렌즈예요.

빛은 공기 중에서 나아가다가 볼록 렌즈를 통과하면 ☐☐ 해요.

볼록 렌즈로 물체를 보면 실제 모습보다 ☐ 게 보이기도 해요.

볼록 렌즈로 물체를 보면 ☐☐☐☐ 가 바뀌어 보이기도 해요.

볼록 렌즈는 빛을 굴절시키고,
볼록 렌즈로 물체를 보면 실제 모습과 다르게 보여요.

볼록 렌즈의 이용

현미경

작은 물체를
확대할 때

망원경

멀리 있는 물체를
확대할 때

돋보기안경

작은 글씨를
확대할 때

일상생활에서 ☐☐ ☐☐ 를 이용한 다양한 기구를 사용해요.

☐☐☐ 은 작은 물체를 확대할 때 쓰여요.

☐☐☐ 은 멀리 있는 물체를 확대할 때 쓰여요.

☐☐☐☐☐ 은 작은 글씨를 확대할 때 쓰여요.

볼록 렌즈의 특징은 무엇일까요?

핵심 개념

볼록 렌즈

볼록 렌즈를
통과한 빛

볼록 렌즈로 본
물체의 모습

볼록 렌즈의
이용

▼ 다음 글을 읽고 물음에 답하세요. (1~6)

❶ 작은 물체를 관찰할 때 사용하는 돋보기는 볼록 렌즈로 만들어요. 볼록 렌즈는 가운데 부분이 가장자리보다 두꺼운 렌즈를 말해요.

❷ 볼록 렌즈를 통과한 빛은 어떻게 나아갈까요? 볼록 렌즈에 레이저 지시기의 빛을 비추어 보면 빛이 나아가는 모습을 관찰할 수 있어요. 레이저 지시기의 빛이 볼록 렌즈의 가운데 부분을 통과하면 곧게 나아가지만, 가장자리를 통과하면 빛은 두꺼운 쪽으로 꺾여 나아가요. 이처럼 빛은 공기 중에서 나

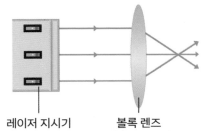

레이저 지시기   볼록 렌즈
볼록 렌즈를 통과하는 빛

아가다가 볼록 렌즈를 통과하면 굴절해요. 이때 가운데가 가장자리보다 두꺼운 렌즈의 모양 때문에 빛이 렌즈의 가운데 쪽으로 굴절하여 나아가지요. 이러한 성질 때문에 볼록 렌즈를 사용하면 햇빛을 한곳에 모을 수 있어요. 볼록 렌즈로 햇빛을 모은 곳은 주변보다 밝기가 밝고 온도가 높아요. 이 때문에 볼록 렌즈를 이용해 햇빛을 모아 종이를 태울 수 있어요.

❸ 볼록 렌즈로 물체를 보면 어떻게 보일까요? 볼록 렌즈는 빛을 굴절시키기 때문에 볼록 렌즈로 물체를 보면 실제 모습과 다르게 보여요. 실제 모습보다 크게 보이기도 하고, 실제 모습보다 작고 상하좌우가 바뀌어 보이기도 해요. 우리 주변에서 볼록 렌즈 역할을 할 수 있는 물체에는 물방울, 유리구슬, 물이 담긴 둥근 어항 등이 있어요. 이러한 물체는 볼록 렌즈처럼 투명하고 가운데가 가장자리보다 볼록하기 때문에 볼록 렌즈 역할을 할 수 있어요.

❹ 우리는 일상생활에서 볼록 렌즈를 이용한 다양한 기구를 사용해요. 볼록 렌즈를 이용하여 만든 기구에는 사진기, 현미경, 망원경, 돋보기안경 등이 있어요. 사진기는 빛을 모아 사진을 촬영할 때 쓰이고, 현미경은 작은 물체를 확대해서 자세히 관찰할 때 쓰여요. 망원경은 멀리 있는 물체를 확대해서 볼 때 쓰이고, 돋보기안경은 작은 물체나 글씨를 확대해서 볼 때 쓰여요. 그 밖에 휴대 전화 사진기나 의료용 장비에도 볼록 렌즈를 이용하고 있어요.

낱말 풀이

• **렌즈** 빛을 모으거나 퍼지게 하기 위하여 수정이나 유리를 갈아서 만든 투명한 물체. 오목 렌즈와 볼록 렌즈가 있다.
• **촬영** 사람, 사물, 풍경 등을 사진이나 영화로 찍음.

1 문단별 중심 문장의 빈칸에 들어갈 알맞은 핵심 어휘를 찾아 √표 하세요.

> ### 볼록 렌즈의 특징은 무엇일까요?

❶문단   볼록 렌즈는 가운데 부분이 가장자리보다 (　　　) 렌즈를 말한다.

☐ 얇은
☐ 두꺼운

❷문단   빛은 공기 중에서 나아가다가 볼록 렌즈를 통과하면 (　　　) 한다.

☐ 굴절
☐ 직진

❸문단   볼록 렌즈로 물체를 보면 실제 모습과 (　　　) 보인다.

☐ 같게
☐ 다르게

❹문단   일상생활에서 (　　　)를 이용한 다양한 기구를 사용한다.

☐ 레이저
☐ 볼록 렌즈

2 이 글을 읽고 알 수 있는 내용으로 알맞은 것에는 ○표, 알맞지 않은 것에는 ×표 하세요.

(1) 볼록 렌즈로 물체를 보면 상하좌우가 바뀌어 보이기도 한다. ……… (　　　)

(2) 볼록 렌즈로 햇빛을 모은 곳은 주변보다 밝기가 밝고 온도가 낮다. ……… (　　　)

(3) 볼록 렌즈 역할을 할 수 있는 물체에는 물방울, 유리구슬 등이 있다. ……… (　　　)

(4) 빛이 볼록 렌즈의 가장자리를 통과하면 빛은 얇은 쪽으로 꺾여 나아간다. …… (　　　)

3 **볼록 렌즈에 대한 설명으로 알맞지 <u>않은</u> 것을 고르세요.** ( )

① 볼록 렌즈로 빛을 모을 수 있다.

② 볼록 렌즈로 물체를 보면 항상 크게 보인다.

③ 볼록 렌즈를 통과한 빛은 굴절하여 나아간다.

④ 볼록 렌즈는 가운데 부분이 가장자리보다 두껍다.

⑤ 볼록 렌즈의 가장자리에 레이저 지시기의 빛을 비추면 빛이 꺾인다.

4 **이 글과 <보기>를 바탕으로 할 때, 간이 사진기로 본 글자 ㄱ 의 모습으로 알맞은 것을 고르세요.**
( )

──── 〈보기〉 ────

간이 사진기는 볼록 렌즈로 만든 간단한 사진기입니다. 간이 사진기는 겉 상자와 속 상자로 구성되는데, 겉 상자의 한쪽 끝에는 볼록 렌즈가, 속 상자의 한쪽 끝에는 기름종이가 붙어 있습니다. 간이 사진기로 물체를 보면 속 상자에 붙인 기름종이에서 물체의 모습을 볼 수 있습니다. 이때 간이 사진기로 본 물체의 모습은 실제 모습과 다릅니다. 이는 간이 사진기에 있는 볼록 렌즈가 빛을 굴절시켜 기름종이에 상하좌우가 바뀐 물체의 모습을 만들기 때문입니다.

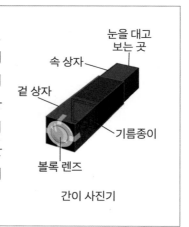

간이 사진기

① 　　② 　　③

④ 　　⑤

5 다음 구조도의 빈칸에 들어갈 알맞은 어휘를 쓰세요.

가운데 부분이 가장자리보다 두꺼운
렌즈

볼록 렌즈의 특징	볼록 렌즈의 이용
– 빛은 공기 중에서 나아가다가 볼록 렌즈를 통과하면 □□한다. – 볼록 렌즈로 물체를 보면 실제 모습과 다르게 보인다.	– 사진기 – 현미경 – 망원경 – □□□□

6 볼록 렌즈를 이용한 기구를 보고, 그 쓰임새를 쓰세요.

기구	사진기	현미경
쓰임새	빛을 모아 사진을 촬영할 때 쓰입니다.	

03 전구의 연결 방법에 따라 전구의 밝기는 어떻게 달라질까요?

정답과 해설 24쪽

✦ 개념

▼ 그림으로 중요한 개념을 만나 보세요.

전구에 불이 켜지는 조건

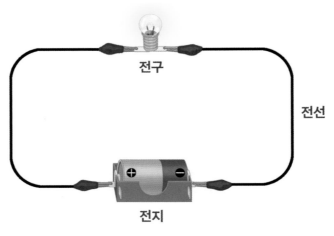

전지, 전구, 전선을 끊기지 않게 연결하고
전구를 전지의 (+)극과 (−)극에 각각 연결한다

✦ 어휘

▼ 개념에서 살펴본 어휘를 문장의 빈칸에 써 보세요.

⬚⬚⬚ 에 불을 켜려면 전구와 전지를 전선으로 연결해요.

전구에 불을 켜려면 전지, 전구, 전선을 ⬚⬚⬚⬚⬚게 연결해요.

전구에 불을 켜려면 전구를 ⬚⬚ 의 (+)극과 (−)극에 각각 연결해요.

전지, 전구, 전선 등을 연결하여 전기가 흐르도록 한 것을 **전기 회로**라고 해요.

전구의 연결 방법에 따른 전구의 밝기

전구의 직렬연결

전구 두 개 이상을
한 줄로 연결하는 방법

전구의 밝기

전구의 병렬연결

전구 두 개 이상을
여러 줄에 나누어 연결하는 방법

전구의 연결 방법에 따라 **전구의 밝기**가 달라요.

전구 두 개 이상을 한 줄로 연결하는 방법을 전구의 ☐☐☐☐ 이라고 해요.

전구 두 개 이상을 여러 줄에 나누어 연결하는 방법을 전구의 ☐☐☐ 이라고 해요.

전구를 병렬연결한 전기 회로의 전구가 직렬연결한 회로의 전구보다 더 ☐ 아 요 .

전구의 연결 방법에 따라 전구의 밝기는 어떻게 달라질까요?

핵심 개념

전기 회로와
전기 부품

전구에 불이
켜지는 조건

전구의
직렬연결과
병렬연결

▼ 다음 글을 읽고 물음에 답하세요. (1~6)

❶ 전기 부품을 서로 연결해 전기가 흐르도록 한 것을 전기 회로라고 해요. 전기 회로를 이루는 전기 부품에는 전지, 전구, 전선 등이 있어요. 전지는 전기 회로에 전기 에너지를 공급하고, 전구는 전기가 흐르면 빛을 내요. 전선은 전기 부품을 서로 연결해 전기를 흐르게 해요. 스위치는 전기가 흐르는 길을 끊거나 연결하는데, 스위치를 닫으면 전기가 흐르고 스위치를 열면 전기가 흐르지 않아요. 전기 회로를 만들 때 전지 끼우개와 전구 끼우개를 사용하면 전지와 전구를 전선에 쉽게 연결할 수 있어요.

❷ 전기 부품은 전기가 잘 통하는 부분과 전기가 잘 통하지 않는 부분으로 이루어져 있어요. 전기 회로의 전구에 불을 켜려면 전기 부품에서 전기가 잘 통하는 부분끼리 연결해야 해요. 그리고 전지, 전구, 전선을 끊기지 않게 연결하고 전구를 전지의 (+)극과 (−)극에 각각 연결해야 해요.

❸ 축제나 캠핑장에 가면 전구 여러 개가 연결되어 불이 켜져 있는 모습을 볼 수 있어요. 여러 개의 전구를 연결하는 방법에는 어떤 것이 있을까요? 전기 회로에서 여러 개의 전구는 한 줄로 또는 여러 개의 줄에 나누어 연결할 수 있어요. 전기 회로에서 전구 두 개 이상을 한 줄로 연결하는 방법을 전구의 직렬연결이라 하고, 전구 두 개 이상을 여러 개의 줄에 나누어 한 개씩 연결하는 방법을 전구의 병렬연결이라고 해요. 전구를 연결하는 방법에 따라 전구의 밝기가 달라져요. 같은 수의 전구를 병렬연결한 전기 회로의 전구가 직렬연결한 전기 회로의 전구보다 더 밝아요. 또 에너지 소비도 더 많아요. 이 때문에 전구를 병렬연결한 전기 회로의 전지는 전구를 직렬연결한 전기 회로의 전지보다 더 빨리 닳아요.

❹ 전구의 직렬연결에서는 한 전구가 꺼지면 전기 회로의 연결이 끊어지기 때문에 나머지 전구도 모두 불이 꺼져요. 하지만 전구의 병렬연결에서는 한 전구가 꺼지더라도 나머지 전구는 불이 꺼지지 않아요. 이러한 성질을 이용한 예로 장식용 나무에 설치된 전구 등이 있어요. 장식용 나무에 설치된 전구 중 일부만 불이 켜져 있을 때, 불이 켜진 전구와 불이 꺼진 전구는 병렬로 연결되어 있는 것이에요.

낱말 풀이

• **소비** 돈이나 물자, 시간, 노력 등을 들이거나 써서 없앰.
• **닳다** 갈리거나 오래 쓰여서 어떤 물건이 낡아지거나, 그 물건의 길이, 두께, 크기 등이 줄어들다.

1 **문단별 중심 문장의 빈칸에 들어갈 알맞은 핵심 어휘를 찾아 √표 하세요.**

전구의 연결 방법에 따라 전구의 밝기는 어떻게 달라질까요?

❶문단 　전기 부품을 서로 연결해 전기가 흐르도록 한 것을 (　　　)
　　　　라고 한다.

☐ 전지
☐ 전기 회로

❷문단 　전구에 불을 켜려면 전지, 전구, 전선을 끊기지 않게 연결하
　　　　고 전구를 (　　　)의 (+)극과 (−)극에 각각 연결해야 한다.

☐ 전지
☐ 스위치

❸문단 　같은 수의 전구를 병렬연결한 전기 회로의 전구가 직렬연결
　　　　한 전기 회로의 전구보다 더 (　　　).

☐ 밝다
☐ 어둡다

❹문단 　전구의 (　　　)에서는 한 전구가 꺼지면 나머지 전구도 모두
　　　　불이 꺼지지만, 전구의 병렬연결에서는 한 전구가 꺼지더라
　　　　도 나머지 전구는 불이 꺼지지 않는다.

☐ 병렬연결
☐ 직렬연결

2 **이 글을 읽고 알 수 있는 내용으로 알맞은 것에는 ○표, 알맞지 않은 것에는 ✕표 하세요.**

(1) 전기 부품에는 전지, 전구, 전선 등이 있다. ⸺⸺⸺⸺⸺ (　　　)

(2) 전기 부품은 전기가 잘 통하는 부분으로만 이루어져 있다. ⸺⸺⸺ (　　　)

(3) 전구 두 개 이상을 한 줄로 연결하는 방법을 전구의 직렬연결이라고 한다. ⸺ (　　　)

(4) 전구를 병렬연결한 전기 회로의 전지는 전구를 직렬연결한 전기 회로의
　　전지보다 더 천천히 닳는다. ⸺⸺⸺⸺⸺⸺⸺ (　　　)

3 전기 부품에 대한 설명으로 알맞지 <u>않은</u> 것을 고르세요.   (   )

전지	전기가 흐르는 길을 끊거나 연결한다. ·················· ①
전구	전기가 흐르면 빛을 낸다. ······························· ②
전선	전기 부품을 서로 연결한다. ··························· ③
전지 끼우개	전지를 전선에 쉽게 연결할 수 있다. ············· ④
전구 끼우개	전구를 전선에 쉽게 연결할 수 있다. ············· ⑤

4 <보기>의 전기 회로 중 밝기가 같은 것끼리 알맞게 짝지어진 것을 고르세요.   (   )

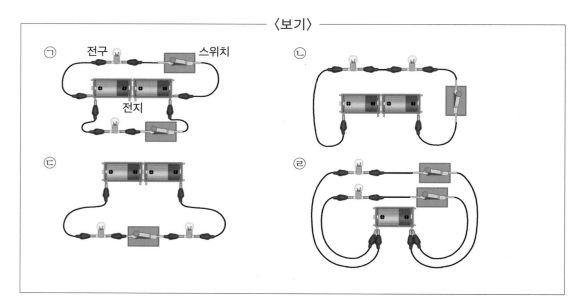

	전구의 밝기가 밝은 전기 회로	전구의 밝기가 어두운 전기 회로
①	㉠, ㉡	㉢, ㉣
②	㉠, ㉢	㉡, ㉣
③	㉠, ㉣	㉡, ㉢
④	㉡, ㉢	㉠, ㉣
⑤	㉡, ㉣	㉠, ㉢

다음 구조도의 빈칸에 들어갈 알맞은 어휘를 쓰세요.

전기 부품을 서로 연결해 전기가 흐르
도록 한 것

전구에 불이 켜지는 조건

- 전지, 전구, 전선을 끊기지 않게 연
  결한다.
- 전구를 ⬚⬚의 (+)극과 (−)극
  에 각각 연결한다.

전구의 연결 방법

- ⬚⬚⬚⬚ : 전구 두 개
  이상을 한 줄로 연결하는 방법
- 병렬연결: 전구 두 개 이상을 여러
  개의 줄에 나누어 한 개씩 연결하는
  방법

다음 (가)~(다) 중 전구에 불이 켜지는 전기 회로를 골라 기호를 쓰고, 그 까닭을 쓰세요.

(가)    (나)    (다)

불이 켜지는 전기 회로	– – – – – – – – – –
까닭	전지, 전구, 전선이 끊기지 않게 연결되어 있고, – –

✦ 개념

▼ 그림으로 중요한 개념을 만나 보세요.

전자석의 성질

자석의 성질

전기가 흐를 때만
자석의 성질이 나타난다

자석의 세기

전자석의 세기를
조절할 수 있다

자석의 극

전자석의 극을
바꿀 수 있다

✦ 어휘

▼ 개념에서 살펴본 어휘를 문장의 빈칸에 써 보세요.

전기가 흐르면 자석의 성질이 나타나는 자석을 **전자석**이라고 해요.

전자석은 전기가 흐를 때만 ☐☐☐☐ 이 나타나요.

전지의 개수를 다르게 하면 ☐☐☐☐☐ 를 조절할 수 있어요.

전지의 연결 방향을 바꾸면 ☐☐☐☐ 을 바꿀 수 있어요.

전자석의 이용

전자석 기중기

무거운 철제품을
옮긴다

자기 부상 열차

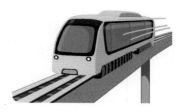

선로 위에 떠서
달린다

선풍기

날개를 돌려
바람을 일으킨다

□□□ 은 우리 생활에서 다양하게 사용돼요.

□□□□□□ 는 전자석을 이용해 무거운 철제품을 옮겨요.

□□□□□ 는 전자석을 이용해 선로 위에 떠서 달려요.

□□□ 는 전자석을 이용해 날개를 돌려 바람을 일으켜요.

전자석이란 무엇일까요?

▼ 다음 글을 읽고 물음에 답하세요. (1~6)

핵심 개념

전자석

전자석의 성질

❶ 철 막대에 전선을 감은 뒤 전선에 전기가 흐르게 하면 철 막대는 철로 된 물체를 끌어당겨요. 이처럼 전기가 흐르면 자석의 성질이 나타나는 자석을 전자석이라고 해요.

❷ 전자석은 어떤 성질이 있을까요? 막대자석과 같은 영구 자석은 전기가 흐르지 않아도 자석의 성질이 나타나지만 전자석은 전기가 흐를 때만 자석의 성질이 나타나요. 또 영구 자석은 자석의 세기가 일정하지만 전자석은 자석의 세기를 조절할 수 있어요. 또한 영구 자석은 자석의 극이 일정하지만 전자석은 자석의 극을 바꿀 수 있어요.

❸ 이러한 전자석의 성질을 실험으로 알아볼까요? 먼저 전선을 감은 철 막대, 전지, 스위치를 전선으로 연결해 전자석을 만들어요. 그런 다음 전자석 끝부분을 철 클립에 가까이 하고 스위치를 닫으면 철 클립이 전자석에 붙고, 스위치를 열면 철 클립이 전자석에 붙지 않아요. 이를 통해 전자석은 전기가 흐를 때만 자석의 성질이 나타나는 것을 알 수 있어요. 전자석에 연결한 전지의 개수를 다르게 하면서 전자석에 붙는 철 클립의 개수를 비교해 보면, 전지를 한 개 연결할 때보다 두 개 연결할 때 전자석에 철 클립이 더 많이 붙어요. 이를 통해 일렬로 연결한 전지의 개수가 많을수록 전자석의 세기가 커지는 것을 알 수 있어요. 마지막으로 전자석의 양 끝에 나침반을 놓고 전지의 연결 방향을 바꾸면 나침반 바늘이 가리키는 방향이 반대로 바뀌어요. 이를 통해 전지의 연결 방향을 반대로 바꾸면 전자석의 극도 반대로 바뀌는 것을 알 수 있어요.

전자석을
사용하는 예

❹ 전자석은 우리 생활에서 다양하게 사용돼요. 전자석 기중기는 물건을 드는 부분에 전자석이 달린 기중기로, 전자석에 무거운 철제품을 붙여 다른 장소로 쉽게 옮길 수 있어요. 자기 부상 열차는 전기가 흐를 때 열차와 선로가 서로 밀어 내거나 당기는 성질을 이용하여 열차가 선로 위에 떠서 이동할 수 있어요. 전동기는 내부의 전자석에 전기가 흐르면 물체를 회전시킬 수 있는 장치로, 선풍기, 세탁기 등에 들어 있어요. 선풍기는 전자석의 성질을 이용한 전동기로 날개를 돌려 바람을 일으키고, 세탁기는 전동기로 통을 돌려 빨래를 해요. 한편 스피커는 전자석과 영구 자석이 밀고 당기는 성질을 이용하여 떨림을 만들어 소리를 내요.

낱말 풀이

• **영구 자석** 자석의 성질을 오랫동안 유지하는 자석.
• **기중기** 무거운 물건을 들어 올려 아래위나 수평으로 이동시키는 기계.(=크레인)
• **전동기** 전기 에너지로부터 물체를 회전시키는 힘을 얻는 기계.(=모터)

1 문단별 중심 문장의 빈칸에 들어갈 알맞은 핵심 어휘를 찾아 ✓표 하세요.

> **전자석이란 무엇일까요?**

❶문단 전기가 흐르면 자석의 성질이 나타나는 자석을 (   )이라 고 한다.

☐ 전자석
☐ 영구 자석

❷문단 전자석은 전기가 흐를 때만 자석의 성질이 나타나고, 자석의 세기를 조절할 수 있으며, (   )을/를 바꿀 수 있다.

☐ 극의 개수
☐ 자석의 극

❸문단 (   )의 개수를 다르게 하면 전자석의 세기를 조절할 수 있고, 전지의 연결 방향을 바꾸면 전자석의 극을 바꿀 수 있다.

☐ 전구
☐ 전지

❹문단 전자석은 전자석 기중기, 자기 부상 열차, (   ) 등 우리 생활에서 다양하게 사용된다.

☐ 스위치
☐ 스피커

2 바르게 읽기

이 글을 읽고 알 수 있는 내용으로 알맞은 것에는 ○표, 알맞지 않은 것에는 ✕표 하세요.

(1) 전자석에는 항상 철 클립이 붙는다. ────────────── (   )

(2) 영구 자석은 자석의 세기를 조절할 수 있다. ─────────── (   )

(3) 자기 부상 열차는 열차가 선로 위에 떠서 이동할 수 있다. ──── (   )

(4) 전동기는 내부의 전자석에 전기가 흐르면 물체를 회전시킬 수 있는 장치이다. (   )

3 전자석에 대한 설명으로 알맞지 <u>않은</u> 것을 고르세요. ( )

① 전자석의 극을 바꿀 수 없다.

② 전자석의 세기를 조절할 수 있다.

③ 철 막대에 전선을 감아 만들 수 있다.

④ 전기가 흐를 때만 자석의 성질이 나타난다.

⑤ 전기가 흐르면 철로 된 물체를 끌어당긴다.

4 이 글을 바탕으로 <보기>를 이해한 내용으로 알맞지 <u>않은</u> 것을 고르세요. ( )

───── 〈보기〉 ─────

1. ㉠과 같이 전자석에 전지 한 개를 연결하고 스위치를 닫았을 때 전자석의 끝부분에 붙은 철 클립의 개수를 세어 본다.

2. ㉡과 같이 전자석에 전지 두 개를 일렬로 연결하고 스위치를 닫았을 때 전자석의 끝부분에 붙은 철 클립의 개수를 세어 본다.

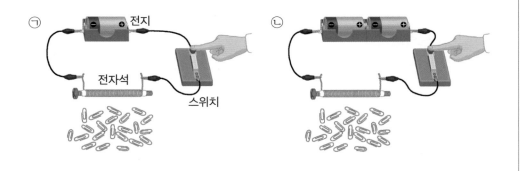

① ㉠의 전자석 양쪽 끝부분에 철 클립이 붙는다.

② ㉠에서 스위치를 열면 철 클립이 붙지 않는다.

③ ㉠에서 전지를 반대로 연결해도 철 클립이 붙는다.

④ ㉡의 전자석보다 ㉠의 전자석에 철 클립이 더 많이 붙는다.

⑤ 이 실험으로 전자석의 세기를 조절할 수 있다는 것을 알 수 있다.

5 다음 구조도의 빈칸에 들어갈 알맞은 어휘를 쓰세요.

전기가 흐르면 자석의 성질이 나타나는
자석

전자석의 성질
– 전기가 흐를 때만 자석의 성질이 나타난다.
– 전자석의 세기를 조절할 수 있다.
– 전자석의 [ ] 을 바꿀 수 있다.

전자석의 이용
– [ ][ ] [ ][ ]
– 자기 부상 열차
– 선풍기
– 스피커

6 자석의 극과 관련된 전자석의 성질을 쓰세요.

구분	영구 자석	전자석
자석의 성질	항상 자석의 성질이 나타납니다.	전기가 흐를 때만 자석의 성질이 나타납니다.
자석의 세기	자석의 세기가 일정합니다.	자석의 세기를 조절할 수 있습니다.
자석의 극	자석의 극이 일정합니다.	

✦ 개념

▼ 그림으로 중요한 개념을 만나 보세요.

에너지 형태

열에너지

물체의 온도를
높이는 에너지

전기 에너지

전기 기구를
작동하게 하는
에너지

빛에너지

주위를 밝게
비추는 에너지

화학 에너지

물질 안에
저장되어 있는
에너지

운동 에너지

움직이는 물체가
가진 에너지

위치 에너지

높은 곳에 있는
물체가 가진
에너지

✦ 어휘

▼ 개념에서 살펴본 어휘를 문장의 빈칸에 써 보세요.

열에너지, 전기 에너지, 빛에너지 등 다양한 ☐☐☐☐☐ 가 있어요.

☐☐☐☐ 는 물체의 온도를 높이고, **전기 에너지**는 전기 기구를 작동하게 해요.

☐☐☐ 는 주위를 밝게 비추고, **화학 에너지**는 물질 안에 저장되어 있어요.

운동 에너지는 움직이는 물체가, **위치 에너지**는 높은 곳의 물체가 가지고 있어요.

에너지 전환

광합성을 하는 식물

빛에너지 → 화학 에너지

전기다리미

전기 에너지 → 열에너지

낙하 놀이 기구

위치 에너지 → 운동 에너지

에너지 형태가 바뀌는 것을 ☐☐☐ ☐☐ 이라고 해요.

광합성을 하는 식물은 태양의 **빛에너지**를 ☐☐☐☐☐ 로 전환해요.

전기다리미는 ☐☐☐☐ 를 **열에너지**로 전환해요.

낙하 놀이 기구는 **위치 에너지**를 ☐☐☐☐ 로 전환해요.

에너지 형태에는 어떤 것이 있을까요?

핵심 개념

에너지가
필요한 까닭

에너지 형태

에너지 전환

태양으로부터
온 에너지의
전환 과정

낱말 풀이

▼ 다음 글을 읽고 물음에 답하세요. (1~6)

1 생물이 살아가거나 기계를 움직이는 데에는 에너지가 필요해요. 에너지가 없다면 식물과 동물은 살아가지 못하고, 기계는 움직이지 못할 거예요. 생물과 기계는 각기 다른 방법으로 에너지를 얻어요. 식물은 햇빛을 받아 스스로 양분을 만들어 에너지를 얻고, 동물은 식물이나 다른 동물을 먹어 에너지를 얻어요. 기계는 전기나 기름 등에서 에너지를 얻지요.

2 우리는 생활하면서 다양한 형태의 에너지를 이용해요. 우리 생활에서 이용하는 에너지 형태에는 열에너지, 전기 에너지, 빛에너지, 화학 에너지, 운동 에너지, 위치 에너지 등이 있어요. 열에너지는 물체의 온도를 높이는 에너지이고, 전기 에너지는 전기 기구를 작동하게 하는 에너지예요. 빛에너지는 주위를 밝게 비추는 에너지이고, 화학 에너지는 물질 안에 저장되어 있는 에너지예요. 운동 에너지는 움직이는 물체가 가진 에너지이고, 위치 에너지는 높은 곳에 있는 물체가 가진 에너지예요.

3 에너지 형태는 다양하며, 다른 형태의 에너지로 바뀔 수 있어요. 이처럼 에너지 형태가 바뀌는 것을 에너지 전환이라고 해요. 우리는 에너지를 전환하여 생활에 필요한 형태의 에너지를 얻을 수 있어요. 자연 현상이나 우리 생활에서 에너지의 형태가 바뀌는 예를 찾아볼까요? 광합성을 하는 식물은 태양의 빛에너지를 화학 에너지로 전환하고, 달리는 사람은 화학 에너지를 운동 에너지로 전환해요. 빛나는 조명은 전기 에너지를 빛에너지로 전환하고, 전기다리미는 전기 에너지를 열에너지로 전환해요. 떨어지는 낙하 놀이 기구는 위치 에너지를 운동 에너지로 전환하고, 태양 전지는 태양의 빛에너지를 전기 에너지로 전환하지요.

4 그렇다면 우리가 이용하는 에너지는 무엇으로부터 전환된 것일까요? 식물은 태양의 빛에너지를 이용해 광합성을 하여 화학 에너지를 만들고, 운동하는 사람은 식물로 만든 음식을 먹고 얻은 화학 에너지를 운동 에너지로 전환해요. 태양 전지는 태양의 빛에너지를 전기 에너지로 바꾸고, 전기 에너지는 여러 가지 전기 기구를 작동할 수 있게 해요. 태양의 열에너지에 의해 물이 증발해 구름이 만들어지고, 구름에서 비가 내려 댐에 물이 차요. 댐에 저장된 물은 위치 에너지를 가지는데, 수력 발전소에서는 물의 위치 에너지로 전기 에너지를 만들어요. 이처럼 우리가 생활에서 이용하는 에너지는 대부분 태양에서 온 에너지가 전환된 것이랍니다.

• **전환** 다른 방향이나 상태로 바뀌거나 바꿈.
• **수력 발전소** 수력 발전(물의 힘을 이용하여 발전기를 돌려서 전기를 일으키는 발전 방식)으로 전력을 발생시키는 발전소.

1 문단별 중심 문장의 빈칸에 들어갈 알맞은 핵심 어휘를 찾아 ✓표 하세요.

에너지 형태에는 어떤 것이 있을까요?

❶문단 생물이 살아가거나 기계를 움직이는 데에는 (   )이/가 필요하다.

☐ 광합성
☐ 에너지

❷문단 (   )에는 열에너지, 전기 에너지, 빛에너지, 화학 에너지, 운동 에너지, 위치 에너지 등이 있다.

☐ 에너지 전환
☐ 에너지 형태

❸문단 에너지 형태가 바뀌는 것을 (   )(이)라고 한다.

☐ 에너지 전환
☐ 에너지 형태

❹문단 우리가 생활에서 이용하는 에너지는 대부분 (   )에서 온 에너지가 전환된 것이다.

☐ 식물
☐ 태양

2 이 글을 읽고 알 수 있는 내용으로 알맞은 것에는 ○표, 알맞지 않은 것에는 ✕표 하세요.

(1) 댐에 저장된 물은 위치 에너지를 가진다. ⋯⋯⋯⋯⋯⋯⋯⋯⋯⋯⋯⋯ (   )

(2) 빛에너지는 물체의 온도를 높이는 에너지이다. ⋯⋯⋯⋯⋯⋯⋯⋯⋯ (   )

(3) 전기 에너지는 물질 안에 저장되어 있는 에너지이다. ⋯⋯⋯⋯⋯ (   )

(4) 식물은 햇빛을 받아 스스로 양분을 만들어 에너지를 얻는다. ⋯⋯ (   )

자세히
읽기

3 우리 주변에서 일어나는 에너지 전환에 대한 설명으로 알맞지 <u>않은</u> 것을 고르세요.　　(　　)

① 태양 전지: 빛에너지 → 열에너지

② 전기다리미: 전기 에너지 → 열에너지

③ 빛나는 조명: 전기 에너지 → 빛에너지

④ 달리는 사람: 화학 에너지 → 운동 에너지

⑤ 광합성을 하는 식물: 빛에너지 → 화학 에너지

깊이
읽기

4 <보기>의 1구간과 2구간에서 나타나는 에너지 전환이 알맞게 짝지어진 것을 고르세요.

(　　)

─── 〈보기〉 ───

롤러코스터가 레일 위를 오르내릴 때 에너지 전환이 일어납니다. 롤러코스터는 전기 에너지로 출발하거나 멈추는데, 롤러코스터가 출발하면서 위로 올라갈 때는 전기 에너지가 운동 에너지와 위치 에너지로 바뀝니다. 롤러코스터가 움직이는 동안 높은 곳에서 낮은 곳으로 내려갈 때는 위치 에너지가 운동 에너지로 바뀌고, 낮은 곳에서 높은 곳으로 올라갈 때는 운동 에너지가 위치 에너지로 바뀝니다.

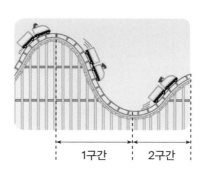

	1구간	2구간
①	전기 에너지 → 운동 에너지	운동 에너지 → 전기 에너지
②	전기 에너지 → 운동 에너지	운동 에너지 → 위치 에너지
③	위치 에너지 → 전기 에너지	전기 에너지 → 운동 에너지
④	위치 에너지 → 운동 에너지	운동 에너지 → 전기 에너지
⑤	위치 에너지 → 운동 에너지	운동 에너지 → 위치 에너지

요약하여
쓰기

5 다음 구조도의 빈칸에 들어갈 알맞은 어휘를 쓰세요.

에너지

에너지 형태

– □□□□□
  – 전기 에너지
  – 빛에너지
  – 화학 에너지
  – 운동 에너지
  – 위치 에너지

□□□□ □□□

에너지 형태가 바뀌는 것
예) 광합성을 하는 식물: 태양의 빛에
    너지 → 화학 에너지
  달리는 사람: 화학 에너지 →
  □□□ □□□

서술형
쓰기

6 기계가 에너지가 필요한 까닭과 에너지를 얻는 방법을 쓰세요.

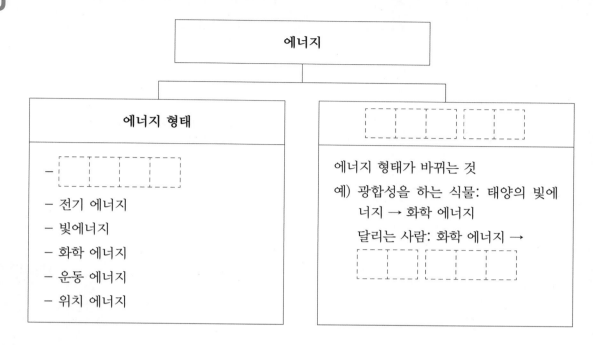

구분	식물	동물	기계
에너지가 필요한 까닭	식물이 살아가는 데 에너지가 필요합니다.	동물이 살아가는 데 에너지가 필요합니다.	＿＿＿＿＿＿＿
에너지를 얻는 방법	햇빛을 받아 스스로 양분을 만들어 에너지를 얻습니다.	식물이나 다른 동물을 먹어 에너지를 얻습니다.	＿＿＿＿＿＿＿

06 에너지를 효율적으로 이용하는 방법에는 무엇이 있을까요?

정답과 해설 27쪽

✦ 개념

▼ 그림으로 중요한 개념을 만나 보세요.

생물의 효율적인 에너지 이용

낙엽

에너지 손실을
줄인다

겨울눈

열에너지 손실을
줄인다

겨울잠

에너지를 효율적으로
이용한다

✦ 어휘

▼ 개념에서 살펴본 어휘를 문장의 빈칸에 써 보세요.

생물은 환경에 적응하여 에너지를 효율적으로 이용해요.

식물은 [   ]을 만들어 에너지 손실을 줄여요.

식물은 [   ]을 만들어 열에너지 손실을 줄여요.

동물은 [   ]을 자면서 에너지를 효율적으로 이용해요.

생물은 환경에 적응하여 에너지를 효율적으로 이용하고,
우리는 일상생활 속에서 에너지를 효율적으로 이용해요.

일상생활 속 효율적인 에너지 이용

발광 다이오드(LED)등	에너지 소비 효율 등급	이중창

다른 전등보다 에너지 효율이 높다	1등급에 가까울수록 에너지 효율이 높다	건축물의 에너지 효율을 높인다

전기 기구나 **건축물**에서도 에너지를 효율적으로 이용해요.

⬜⬜ ⬜⬜ (LED)등은 다른 전등보다 에너지 효율이 높아요.

⬜⬜ ⬜⬜ ⬜⬜ ⬜⬜은 1등급에 가까울수록 에너지 효율이 높아요.

⬜⬜은 열에너지 출입을 막아 건축물의 에너지 효율을 높여요.

에너지를 효율적으로 이용하는 방법에는 무엇이 있을까요?

▼ 다음 글을 읽고 물음에 답하세요. (1~6)

핵심 개념

효율적인
에너지 이용

생물의
효율적인
에너지 이용

전기 기구에서
효율적인
에너지 이용

① 우리는 에너지를 이용해 편리하게 생활해요. 하지만 우리가 에너지를 얻을 수 있는 석유, 석탄 등의 자원은 한정되어 있기 때문에 에너지를 효율적으로 이용해야 해요. 에너지를 효율적으로 이용하는 예와 방법에는 무엇이 있을까요?

② 자연에서는 생물이 환경에 적응하여 에너지를 효율적으로 이용하는 예를 찾아볼 수 있어요. 이러한 예에는 낙엽, 겨울눈, 겨울잠 등이 있어요. 단풍나무나 은행나무와 같은 나무는 가을에 잎을 떨어뜨려 에너지 손실을 줄여요. 목련과 같은 식물의 겨울눈은 비늘과 털이 있어 추운 겨울에 열에너지가 빠져나가는 것을 줄여 주어 어린싹이 얼지 않도록 하지요. 곰이나 다람쥐 같은 동물은 먹이를 구하기 어려운 겨울 동안 겨울잠을 자면서 생명과 체온 유지에 필요한 화학 에너지를 효율적으로 이용해요.

③ 사람들도 에너지를 효율적으로 이용하기 위해 여러 가지 방법을 활용해요. 전기 기구는 발광 다이오드(LED)등처럼 에너지 효율이 높은 것을 사용해요. 전등은 전기 에너지를 빛에너지로 전환해 이용하는 기구이지만, 전기 에너지의 일부는 열에너지로도 전환돼요. 발광 다이오드(LED)등은 형광등이나 백열등 등 다른 전등에 비해 전기 에너지가 빛에너지로 전환되는 양이 많고 열에너지로 손실되는 양이 적어 에너지 효율이 높아요. 또한 에너지 소비 효율 등급이 1등급에 가까운 제품을 사용하면 에너지를 효율적으로 이용할 수 있어요. 에너지 소비 효율 등급은 에너지를 효율적으로 이용하는 정도를 1~5등급으로 나타낸 것이에요. 에너지 소비 효율 등급이 1등급에 가까울수록 전기 기구의 에너지 효율이 높아요. 또 에너지 절약 표시가 있는 전기 기구를 사용해요. 에너지 절약 표시는 사용하지 않을 때 소비되는 대기 전력의 양을 줄인 전기 기구를 나타내는 표시예요.

에너지 소비 효율
등급 표시

에너지 절약
표시

건축물에서
효율적인
에너지 이용

④ 에너지를 효율적으로 이용하기 위해 건축물에는 이중창을 설치하거나 벽, 바닥, 천장 등에 단열재를 사용해요. 이중창이나 단열재는 열에너지가 건물 밖으로 빠져나가거나 안으로 들어오는 것을 막아 주어 냉난방에 사용하는 에너지를 줄여 줘요. 또 건물에 태양 전지를 설치하면 태양의 빛에너지를 이용해 전기를 만들어 쓸 수 있어요.

낱말 풀이

• **효율적** 들인 노력에 비하여 얻는 결과가 큰 것.
• **겨울눈** 늦여름부터 가을 사이에 생겨 겨울을 넘기고 이듬해 봄에 자라는 싹.
• **대기 전력** 전원을 꺼 둔 상태에서도 전기 제품이 소비하는 전력.

1 문단별 중심 문장의 빈칸에 들어갈 알맞은 핵심 어휘를 찾아 √표 하세요.

> 에너지를 효율적으로 이용하는 방법에는 무엇이 있을까요?

❶문단 자원은 한정되어 있기 때문에 (   )를 효율적으로 이용해야 한다.

☐ 석유
☐ 에너지

❷문단 생물이 환경에 적응하여 에너지를 효율적으로 이용하는 예에는 낙엽, 겨울눈, (   ) 등이 있다.

☐ 겨울잠
☐ 단열재

❸문단 에너지를 효율적으로 이용하기 위해 (   )은/는 발광 다이오드(LED)등, 에너지 소비 효율 등급이 1등급에 가까운 제품 등을 사용한다.

☐ 건축물
☐ 전기 기구

❹문단 에너지를 효율적으로 이용하기 위해 건축물에는 (   )을 설치하거나 벽, 바닥, 천장 등에 단열재를 사용한다.

☐ 이중창
☐ 형광등

2 이 글을 읽고 알 수 있는 내용으로 알맞은 것에는 ○표, 알맞지 않은 것에는 ✕표 하세요.

(1) 건축물에 단열재를 사용하면 냉난방에 사용하는 에너지가 늘어난다. ⋯⋯⋯⋯ (   )

(2) 다람쥐 같은 동물은 먹이를 구하기 어려운 겨울 동안 겨울잠을 잔다. ⋯⋯⋯⋯ (   )

(3) 에너지 소비 효율 등급이 1등급에 가까울수록 전기 기구의 에너지 효율이 높다. ⋯⋯ (   )

(4) 겨울눈은 열에너지가 빠져나가는 것을 줄여 주어 어린싹이 얼지 않도록 한다. ⋯⋯ (   )

3 에너지를 효율적으로 이용하는 예로 알맞지 <u>않은</u> 것을 고르세요.　　　　(　　)

① 곰이 겨울잠을 잔다.

② 식물이 겨울눈을 만든다.

③ 식물이 가을에 잎을 떨어뜨린다.

④ 에너지 절약 표시가 있는 전기 기구를 사용한다.

⑤ 에너지 소비 효율 등급이 5등급인 제품을 사용한다.

4 이 글을 바탕으로 <보기>의 자료를 이해한 내용으로 알맞지 <u>않은</u> 것을 고르세요.　　　　(　　)

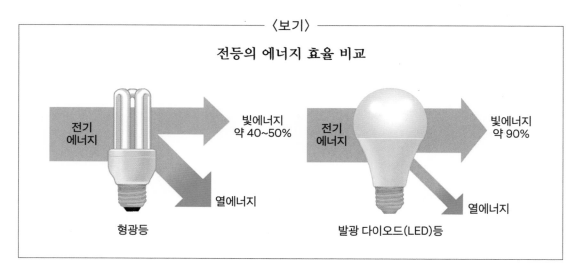

① 전등에서 전기 에너지는 빛에너지와 열에너지로 전환된다.

② 형광등보다 발광 다이오드(LED)등의 에너지 효율이 더 높다.

③ 전기 에너지가 열에너지로 많이 전환될수록 전등의 에너지 효율이 낮다.

④ 같은 양의 전기 에너지를 빛에너지로 더 많이 전환하는 전등은 형광등이다.

⑤ 발광 다이오드(LED)등은 형광등보다 전기 에너지가 열에너지로 손실되는 양이 적다.

5 다음 구조도의 빈칸에 들어갈 알맞은 어휘를 쓰세요.

효율적인 에너지 이용
자원은 한정되어 있기 때문에 에너지를 효율적으로 이용해야 한다.

생물
– 식물의 ☐☐
– 식물의 겨울눈
– 동물의 ☐☐☐

전기 기구와 건축물
– 발광 다이오드(LED)등
– 에너지 소비 효율 등급
– 건축물의 이중창
– 건축물의 ☐☐☐

6 건축물에 이중창을 설치하는 까닭을 효율적인 에너지 이용과 관련지어 쓰세요.

이중창

〈조건〉
1. 주어진 어휘를 모두 넣어 쓰세요.
(건물) (열에너지) (이중창)
2. 한 문장으로 쓰세요.

이중창을 설치하는 까닭	

▼ 다음 글을 읽고 물음에 답하세요. (1~3)

(가)   **물고기가 실제 위치와 다르게 보이는 현상**

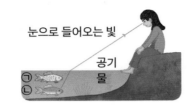

(나)   빛이 공기 중에서 물로 비스듬히 나아갈 때 공기와 물의 경계에서 꺾여 나아가요. 이렇게 서로 다른 물질의 경계에서 빛이 꺾여 나아가는 것을 빛의 굴절이라고 해요.

　　물속에 있는 물체를 물 밖에서 보면 실제 물체와 다르게 보여요. 그 까닭은 공기와 물의 경계에서 빛이 굴절하기 때문이에요. 사람은 눈으로 들어온 빛의 연장선에 물체가 있다고 생각하는데, 물속에 있는 물체에서 오는 빛이 공기 중으로 나올 때 굴절하여 눈에 들어오기 때문에 원래의 모습과 다르게 보여요. 예를 들어 물속에 있는 물고기를 보면 물고기는 실제 위치보다 더 위쪽에 있는 것처럼 보여요.

1 **(나)를 바탕으로 (가)를 이해한 내용으로 알맞지 않은 것을 고르세요.**　　　　　(　　)

① 실제 물고기의 위치는 ⓒ이다.
② 빛의 굴절 때문에 나타나는 현상이다.
③ 사람 눈에 보이는 물고기의 위치는 ㉠이다.
④ 사람 눈으로 들어오는 빛의 연장선에 있는 것은 ㉠이다.
⑤ 물고기에서 오는 빛이 공기 중으로 나올 때 곧게 나온다.

2 **(다)의 빈칸에 들어갈 빛이 나아가는 모습으로 알맞은 것을 고르세요.**　　　　　(　　)

　　　　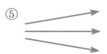

(다)

볼록 렌즈를 통과하는 빛

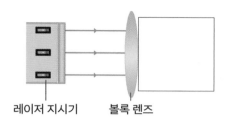

레이저 지시기   볼록 렌즈

(라)　볼록 렌즈는 가운데 부분이 가장자리보다 두꺼운 렌즈를 말해요. 볼록 렌즈를 통과한 빛은 어떻게 나아갈까요? 볼록 렌즈에 레이저 지시기의 빛을 비추어 보면 빛이 나아가는 모습을 관찰할 수 있어요. 레이저 지시기의 빛이 볼록 렌즈의 가운데 부분을 통과하면 곧게 나아가지만, 가장자리를 통과하면 빛은 두꺼운 쪽으로 꺾여 나아가요. 이처럼 빛은 공기 중에서 나아가다가 볼록 렌즈를 통과하면 굴절해요. 이때 가운데가 가장자리보다 두꺼운 렌즈의 모양 때문에 빛이 렌즈의 가운데 쪽으로 굴절하여 나아가지요. 이러한 성질 때문에 볼록 렌즈를 사용하면 햇빛을 한곳에 모을 수 있어요.

3 (라)를 바탕으로 <보기>를 이해한 내용으로 알맞지 <u>않은</u> 것을 고르세요. (　　　)

〈보기〉

볼록 렌즈와 평면 유리를 통과한 햇빛이 흰 종이에 만든 원 안의 밝기와 온도

구분	볼록 렌즈		평면 유리	
밝기	주변보다 밝다.		주변과 비슷하다.	
온도 (℃)	원 안	원 밖	원 안	원 밖
	50.0	25.0	24.5	25.0

① 볼록 렌즈와 평면 유리는 햇빛을 모을 수 있다.

② 볼록 렌즈로 햇빛을 모은 곳은 주변보다 밝기가 밝다.

③ 볼록 렌즈로 햇빛을 모은 곳은 주변보다 온도가 높다.

④ 평면 유리를 통과한 햇빛이 만든 원 안의 밝기는 주변과 비슷하다.

⑤ 평면 유리를 통과한 햇빛이 만든 원 안의 온도는 주변과 비슷하다.

▼ 문장의 빈칸에 들어갈 알맞은 어휘를 (보기)에서 골라 쓰세요. (1~6)

---

01 빛은 서로 다른 물질의 경계에서 어떻게
나아갈까요?　　(보기)　**거울** / **빛의 굴절** / **빛의 직진** / **프리즘**

(1) 햇빛이 (　　　　　　)을 통과하면 여러 가지 색의 빛이 나타난다.

(2) 서로 다른 물질의 경계에서 빛이 꺾여 나아가는 것을 (　　　　　)이라고 한다.

---

02 볼록 렌즈의 특징은 무엇일까요?　　(보기)　**굴절** / **볼록 렌즈** / **직진** / **프리즘**

(1) (　　　　　　)은/는 가운데 부분이 가장자리보다 두꺼운 렌즈를 말한다.

(2) 빛은 공기 중에서 나아가다가 볼록 렌즈를 통과하면 (　　　　　)한다.

---

03 전구의 연결 방법에 따라 전구의 밝기는
어떻게 달라질까요?　　(보기)　**병렬연결** / **전기 회로** / **전지** / **직렬연결**

(1) 전기 부품을 서로 연결해 전기가 흐르도록 한 것을 (　　　　　)(이)라고 한다.

(2) 같은 수의 전구를 (　　　　　)한 전기 회로의 전구가 직렬연결한 전기 회로의 전구보다 더 밝다.

---

04 전자석이란 무엇일까요?　　(보기)　**막대자석** / **영구 자석** / **자석의 극** / **전자석**

(1) 전기가 흐르면 자석의 성질이 나타나는 자석을 (　　　　　)이라고 한다.

(2) 전자석은 전기가 흐를 때만 자석의 성질이 나타나고, 자석의 세기를 조절할 수 있으며,
(　　　　　)을 바꿀 수 있다.

---

05 에너지 형태에는 어떤 것이 있을까요?　　(보기)　**에너지 전환** / **에너지 형태** / **운동 에너지** / **위치 에너지**

(1) (　　　　　　)에는 열에너지, 전기 에너지, 빛에너지, 화학 에너지, 운동 에너지, 위치 에너지
등이 있다.

(2) 에너지 형태가 바뀌는 것을 (　　　　　)(이)라고 한다.

---

06 에너지를 효율적으로 이용하는 방법에는
무엇이 있을까요?　　(보기)　**겨울눈** / **겨울잠** / **단열재** / **이중창**

(1) 곰이나 다람쥐 같은 동물은 먹이를 구하기 어려운 겨울 동안 (　　　　　)을/를 자면서 화학 에
너지를 효율적으로 이용한다.

(2) 에너지를 효율적으로 이용하기 위해 건축물에는 벽, 바닥 등에 (　　　　　)을/를 사용한다.

▼ 각 개념을 잘 이해했으면 ☐에 ✓표 하세요.

〈 과학 4 - 2 〉 '그림자와 거울' 단원

빛의 직진 ——— 그림자

빛이 곧게 나아간다. ☐

빛이 곧게 나아가다가 물체를
통과하지 못하면 그림자가 생긴다. ☐

〈 과학 4 - 2 〉 '그림자와 거울' 단원

빛 ⟵

빛의 반사 ——— 거울에 비친
물체의 모습

빛이 나아가다가 거울 등에
부딪치면 빛의 방향이 바뀐다. ☐

거울에 비친 물체의 모습은
좌우가 바뀌어 보인다. ☐

〈 과학 6 - 1 〉 '빛과 렌즈' 단원

빛의 굴절 ——— 볼록 렌즈를 통과한 빛

서로 다른 물질의 경계에서
빛이 꺾여 나아간다. ☐

볼록 렌즈를 통과한 빛은 굴절한다. ☐

📎 **중등 과학 연계**

〈중학교 과학 1〉 '빛과 파동' 단원

▼ 각 개념을 잘 이해했으면 ☐에 ✓표 하세요.

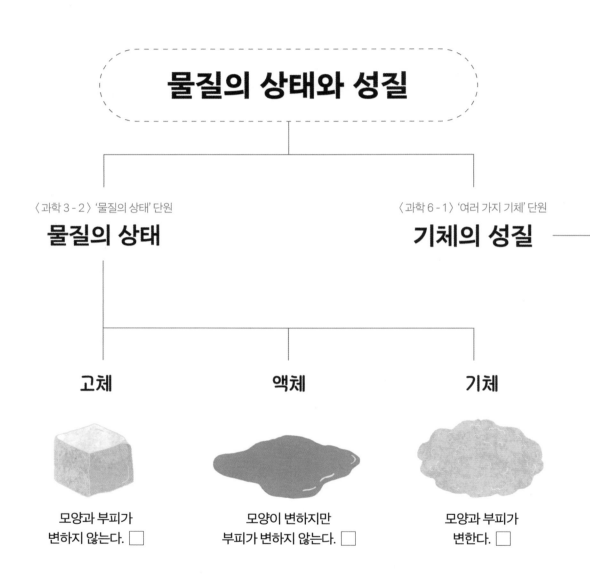

물질의 상태와 성질

〈 과학 3 - 2 〉 '물질의 상태' 단원
물질의 상태

〈 과학 6 - 1 〉 '여러 가지 기체' 단원
기체의 성질

고체

모양과 부피가
변하지 않는다. ☐

액체

모양이 변하지만
부피가 변하지 않는다. ☐

기체

모양과 부피가
변한다. ☐

산소의 성질

다른 물질이 타는 것을 돕는다. ☐

이산화 탄소의 성질

다른 물질이 타는 것을 막는다. ☐

온도에 따른 기체의 부피 변화

온도가 높아지면 기체의 부피가 커지고,
온도가 낮아지면 기체의 부피가 작아진다. ☐

압력에 따른 기체의 부피 변화

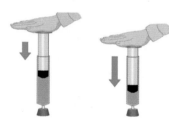

압력을 세게 가할수록
기체의 부피가 많이 작아진다. ☐

공기의 성질

공기는 여러 가지 기체가 섞여 있는 혼합물이다. ☐

🔗 **중등 과학 연계**

〈중학교 과학 1〉 '기체의 성질' 단원
〈중학교 과학 1〉 '물질의 상태 변화' 단원

▼ 각 개념을 잘 이해했으면 ☐에 ✓표 하세요.

생물

〈 과학 5 - 1 〉 '다양한 생물과 우리 생활' 단원

다양한 생물

생물의 구조와 기능

동물

식물

동물과 식물이 아닌 생물

우리 주변에는 동물과 식물 외에 균류, 원생생물, 세균이 산다. ☐

〈과학 6 - 1〉 '식물의 구조와 기능' 단원

식물의 구조와 기능

뿌리

물을 흡수한다. ☐

줄기

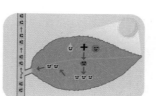

물과 양분의
이동 통로이다. ☐

잎

광합성을 하여
양분을 만든다. ☐

꽃

꽃가루받이를 거쳐
씨를 만든다. ☐

〈과학 6 - 2〉 '우리 몸의 구조와 기능' 단원

몸의 구조와 기능

소화 기관

음식물을 잘게 쪼개어
영양소를 흡수한다. ☐

호흡 기관

산소를 받아들이고
이산화 탄소를 내보낸다. ☐

순환 기관

산소와 영양소를
온몸으로 운반한다. ☐

배설 기관

노폐물을 걸러 내어
몸 밖으로 내보낸다. ☐

🔗 **중등 과학 연계**

〈중학교 과학 2〉 '식물과 에너지' 단원
〈중학교 과학 2〉 '동물과 에너지' 단원

▼ 각 개념을 잘 이해했으면 □에 √표 하세요.

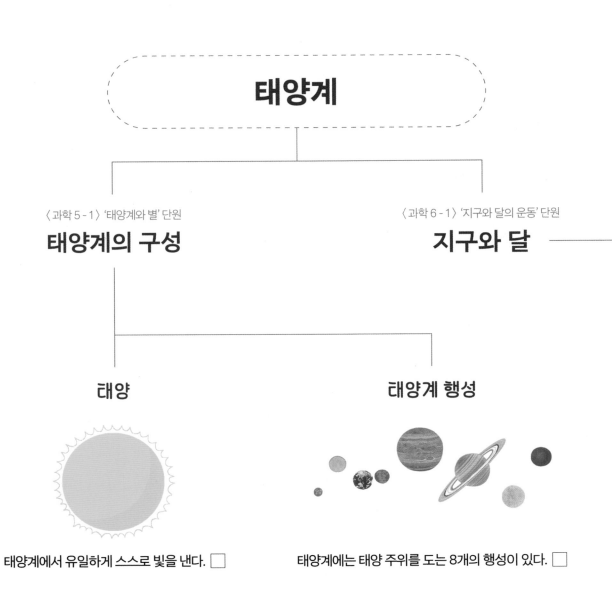

태양계

〈과학 5 - 1〉 '태양계와 별' 단원

태양계의 구성

〈과학 6 - 1〉 '지구와 달의 운동' 단원

지구와 달

태양

태양계에서 유일하게 스스로 빛을 낸다. □

태양계 행성

태양계에는 태양 주위를 도는 8개의 행성이 있다. □

지구의 자전

지구가 자전축을 중심으로 하루에
한 바퀴씩 서쪽에서 동쪽으로 회전한다. ☐

태양과 달의 위치 변화

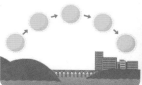 

지구가 자전하기 때문에
하루 동안 태양과 달의 위치가 달라진다. ☐

지구의 공전

지구가 태양을 중심으로 일 년에
한 바퀴씩 서쪽에서 동쪽으로 회전한다. ☐

계절에 따른 별자리 변화

봄   여름

가을   겨울

지구가 공전하기 때문에
계절에 따라 보이는 별자리가 달라진다. ☐

달의 모양

약 30일 주기로 달의 모양이 변한다. ☐

🔗 **중등 과학 연계**

〈중학교 과학 2〉 '태양계' 단원

자료 출처

- 본책 4단원 162쪽 에너지 소비 효율 등급, 에너지 절약 표시(한국에너지공단)
- 본책에 수록된 사진은 모두 Shutterstock.com의 자료입니다.
- 본책에 수록된 일러스트 중 출처 표시를 안 한 것은 모두 발행사에서 저작권을 가지고 있는 자료입니다.
- 정답과 해설에 수록된 본책 축소본은 위의 출처와 동일합니다.

일러두기

- 본 교재에 있는 낱말 뜻풀이 일부는 국립국어원의 <표준국어대사전>과 <한국어기초사전>을 인용하였습니다.
- 맞춤법과 띄어쓰기는 국립국어원의 <표준국어대사전>을 기준으로 삼되, 초등학교 교과서 표기를 참고했습니다.

독해와 교과 공부를 한번에 끝내는 교과 독해

과학도*
독해가
먼저다

초등 6 학년

정답과 해설

✦ 어휘

하루 동안 태양을 관찰해 보면 | 태 양 의 위 치 |가 달라져요.

하루 동안 태양은 | 동 |쪽 하늘에서 남쪽 하늘을 지나 | 서 |쪽 하늘로 위치가 달라져요.

하루 동안 달을 관찰해 보면 | 달 의 위 치 |가 달라져요.

하루 동안 달은 | 동 |쪽 하늘에서 남쪽 하늘을 지나 | 서 |쪽 하늘로 위치가 달라져요.

지구는 | 자 전 축 |을 중심으로 하루에 한 바퀴씩 서쪽에서 동쪽으로 회전해요.

지구가 자전축을 중심으로 회전하는 것을 **지구의** | 자 전 |이라고 해요.

지구가 | 자 전 | 하기 때문에 하루 동안 태양과 달이 움직이는 것처럼 보여요.

지구가 자전하기 때문에 하루 동안 | 낮 |과 | 밤 |이 한 번씩 번갈아 나타나요.

✦ 독해

1. ❶ 문단 **동쪽**   ❷ 문단 **지구의 자전**
    ❸ 문단 **자전**   ❹ 문단 **자전**

2. (1) ○ (2) ✕ (3) ○ (4) ✕

✕표 답 풀이

(2) 지구의 북극 위에서 보면 지구는 시계 반대 방향으로 자전한다.

(4) 하루 동안 태양은 동쪽 하늘에서 서쪽 하늘로 위치가 달라진다.

3. ①

정답 풀이

① 지구는 하루에 한 바퀴씩 자전한다.

4. ④

정답 풀이

④ <보기>는 낮과 밤이 생기는 까닭을 알아보는 모형실험이다. 지구가 자전하면서 태양 빛을 받는 쪽은 낮이 되고, 태양 빛을 받지 못한 쪽은 밤이 된다. 따라서 관측자 모형이 전등을 향해 있을 때 우리나라는 낮이다.

5.

지구의	자 전
지구가 자전축을 중심으로 하루에 한 바퀴씩 서쪽에서 동쪽으로 회전하는 것	

하루 동안 태양과 달의 위치 변화	낮과 밤
지구가 서쪽에서 동쪽으로 자전하기 때문에 하루 동안 태양과 달의 위치가	동 쪽 |에서 서쪽으로 달라진다.	지구가 하루에 한 바퀴씩 자전하기 때문에	낮 |과 밤이 하루에 한 번씩 번갈아 나타난다.

6.

태양의 위치 변화   달의 위치 변화

태양과 달의 위치 변화	동쪽 하늘에서 남쪽 하늘을 지나 서쪽 하늘로 위치가 달라집니다.
까닭	하루 동안 태양과 달의 위치가 동쪽에서 서쪽으로 달라지는 까닭은 **지구가 서쪽에서 동쪽으로 자전하기 때문입니다.**

✦ 어휘

봄철 대표적인 별자리에는 사 자 자 리 등이 있어요.

여름철 대표적인 별자리에는 거 문 고 자 리 등이 있어요.

가을철 대표적인 별자리에는 페 가 수 스 자 리 등이 있어요.

겨울철 대표적인 별자리에는 오 리 온 자 리 등이 있어요.

지구는 태 양 을 중심으로 일 년에 한 바퀴씩 서쪽에서 동쪽으로 회전해요.

지구가 태양을 중심으로 회전하는 것을 **지구의** 공 전 이라고 해요.

지구가 공 전 하기 때문에 계절에 따라 지구의 위치가 달라져요.

지구의 위치가 달라지면 계절에 따라 보이는 별 자 리 가 달라져요.

✦ 독해

1. ❶ 문단 **오랜**   ❷ 문단 **달라진다**
❸ 문단 **지구의 공전**   ❹ 문단 **공전**
❺ 문단 **세 계절**

2. (1) ○   (2) ✕   (3) ✕   (4) ○

✕표 답 풀이
(2) 계절별 대표적인 별자리는 그 계절에만 볼 수 있는 것이 아니라 두 계절이나 세 계절에 걸쳐 볼 수 있다. 봄철 대표적인 별자리인 사자자리는 겨울, 봄, 여름 세 계절에 걸쳐 볼 수 있다.
(3) 지구가 태양 주위를 공전하기 때문에 계절에 따라 지구의 위치가 달라진다.

3. ③

정답 풀이
③ 지구는 서쪽에서 동쪽으로 공전한다.

4. ⑤

정답 풀이
⑤ <보기>는 계절에 따라 보이는 별자리가 달라지는 까닭을 알아보는 실험이다. 태양과 같은 방향에 있는 별자리는 태양 빛 때문에 볼 수 없다. 따라서 지구본이 (라) 위치에 있을 때 거문고자리는 전등과 같은 방향에 있어서 전등 빛 때문에 볼 수 없다.

5.

지구의 공 전
지구가 태양을 중심으로 일 년에 한 바퀴씩 서쪽에서 동쪽으로 회전하는 것

계절별 대표적인 별 자 리	계절에 따라 보이는 별자리가 달라지는 까닭
– 봄: 사자자리 등 – 여름: 거문고자리 등 – 가을: 페가수스자리 등 – 겨울: 오리온자리 등	지구가 공전하기 때문에 계 절 에 따라 지구의 위치가 달라지고, 보이는 별자리도 달라진다.

6.

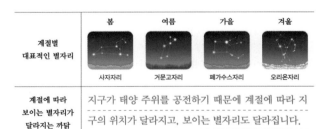

	봄	여름	가을	겨울
계절별 대표적인 별자리	사자자리	거문고자리	페가수스자리	오리온자리

계절에 따라 보이는 별자리가 달라지는 까닭	지구가 태양 주위를 공전하기 때문에 계절에 따라 지구의 위치가 달라지고, 보이는 별자리도 달라집니다.

✦ 어휘

여러 날 동안 달을 관찰하면 **달의 모양**이 달라져요.

달의 모양은 초승달, 상현달, 보름달, 하현달, 그 믐 달 순서로 변해요.

초승달에서 점점 커져서 상 현 달 이 되고, 보름달이 돼요.

보름달이 된 뒤에는 점점 작아져 하 현 달 이 되고, 그믐달이 돼요.

여러 날 동안 같은 시각에 달을 관찰하면 **달의 위치**가 달라져요.

태양이 진 직후에 초 승 달 은 서쪽 하늘에서 보여요.

태양이 진 직후에 상 현 달 은 남쪽 하늘에서 보여요.

태양이 진 직후에 보 름 달 은 동쪽 하늘에서 보여요.

- -

✦ 독해

1. ① 문단 **모양**　　② 문단 **달의 모양**
　　③ 문단 **서쪽**　　④ 문단 **위치**

2. (1) ✕　(2) ✕　(3) ○　(4) ○

✕표 답 풀이

(1) 왼쪽이 불룩한 달을 하현달이라고 한다. 상현달은 오른쪽이 불룩한 달이다.

(2) 태양이 진 직후 초승달은 서쪽 하늘에서 보인다.

3. ①

오답 풀이

② 보름달은 음력 15일 무렵에 관측할 수 있다.
③ 상현달은 음력 7~8일 무렵에 관측할 수 있다.
④ 초승달은 음력 2~3일 무렵에 관측할 수 있다.
⑤ 하현달은 음력 22~23일 무렵에 관측할 수 있다.

4. ⑤

정답 풀이

⑤ 달의 모양은 약 30일을 주기로 변한다. 따라서 관측을 시작한 날로부터 약 30일 뒤에 같은 장소, 같은 시각에 관측할 수 있는 달은 관측 1일 차의 달인 초승달이다.

5.

여러 날 동안 달의 모양과 위치 변화

달의 모양 변화	달의 위치 변화
초승달(음력 2~3일 무렵) ↓ 상현달(음력 7~8일 무렵) ↓ 보 름 달 (음력 15일 무렵) ↓ 하현달(음력 22~23일 무렵) ↓ 그믐달(음력 27~28일 무렵)	여러 날 동안 같은 시각에 관찰한 달의 위치는 서 쪽 에서 동쪽으로 날마다 조금씩 옮겨 간다. 예) 태양이 진 직후 달의 위치 변화 　초승달: 서쪽 하늘 → 상현달: 남쪽 하늘 → 보름달: 동 쪽 하늘

6.

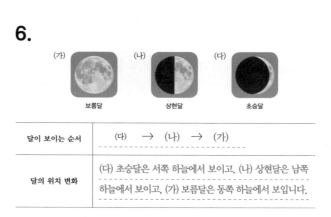

(가) 보름달　　(나) 상현달　　(다) 초승달

달이 보이는 순서	(다) → (나) → (가)
달의 위치 변화	(다) 초승달은 서쪽 하늘에서 보이고, (나) 상현달은 남쪽 하늘에서 보이고, (가) 보름달은 동쪽 하늘에서 보입니다.

✦ 어휘

태양의 높이는 **태양 고도**를 이용해 나타낼 수 있어요.

태양 고도 는 태양이 지표면과 이루는 각을 말해요.

태양 고도가 낮을 때는 태양이 지표면과 이루는 각이 작아요.

태양 고도가 높을 때는 태양이 지표면과 이루는 각이 커요.

태양이 정남쪽에 위치할 때 태양이 **남중**했다고 해요.

태양이 남중 할 때 태양 고도는 하루 중 가장 높아요.

태양 고도가 높아지면 그림자 길이는 짧아져요.

태양 고도가 높아지면 기온은 높아져요.

- -

✦ 독해

1. ❶ 문단 태양 고도 ❷ 문단 그림자 길이
❸ 문단 태양의 남중 고도
❹ 문단 짧아지고

2. (1) ✕ (2) ✕ (3) ○ (4) ○

✕표 답 풀이
(1) 태양이 정남쪽에 위치할 때 태양이 남중했다고 한다.
(2) 태양이 남중했을 때 그림자 길이는 하루 중 가장 짧다.

3. ②

정답 풀이
② 태양이 남중했을 때 태양 고도는 하루 중 가장 높다.

4. ⑤

정답 풀이
⑤ <보기>의 꺾은선그래프는 하루 동안 태양 고도, 그림자 길이, 기온의 변화를 나타낸 것이다. 그래프를 보면 하루 중 태양 고도는 12시 30분 무렵에 가장 높고, 기온은 14시 30분 무렵에 가장 높다. 태양 고도가 가장 높은 때와 기온이 가장 높은 때는 시간 차이가 있는 것을 알 수 있다.

5.

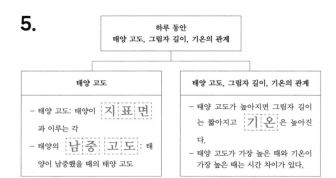

하루 동안 태양 고도, 그림자 길이, 기온의 관계	
태양 고도	태양 고도, 그림자 길이, 기온의 관계
– 태양 고도: 태양이 지표면 과 이루는 각 – 태양의 남중 고도: 태양이 남중했을 때의 태양 고도	– 태양 고도가 높아지면 그림자 길이는 짧아지고 기온 은 높아진다. – 태양 고도가 가장 높은 때와 기온이 가장 높은 때는 시간 차이가 있다.

6.

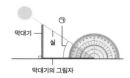

막대기 실 ⓐ
막대기의 그림자

㉠이 나타내는 것	태양 고도
그림자 길이와 기온의 변화	(㉠ 태양 고도가 높아지면) 그림자 길이는 짧아지고 기온은 높아집니다.

✦ 어휘

여름에는 태양의 남중 고도가 높아요 .

태양의 남중 고도가 높은 여름에는 낮의 길이가 길어요 .

겨울에는 태양의 남중 고도가 낮아요 .

태양의 남중 고도가 낮은 겨울에는 낮의 길이가 짧아요 .

여름 에는 태양의 남중 고도가 높아요.

태양의 남중 고도가 높은 여름에는 기온이 높아요 .

겨울 에는 태양의 남중 고도가 낮아요.

태양의 남중 고도가 낮은 겨울에는 기온이 낮아요 .

- -

✦ 독해

1. ❶ 문단 **낮다**   ❷ 문단 **짧다**

❸ 문단 **낮다**   ❹ 문단 **크다**

2. (1) ○ (2) ✕ (3) ✕ (4) ○

✕표 답 풀이

(2) 태양의 남중 고도가 높아질수록 낮의 길이는 길어진다.

(3) 지표면에 도달하는 태양 에너지양이 많아지면 지표면이 많이 데워진다.

3. ⑤

정답 풀이

⑤ 태양의 남중 고도는 겨울에 가장 낮다.

4. ⑤

정답 풀이

⑤ <보기>에서 월별 낮과 밤의 길이 그래프를 보면 여름에서 겨울로 갈수록 낮의 길이는 짧아지고 밤의 길이는 길어진다.

5.

계절에 따른 태양의 남중 고도, 낮의 길이, 기온의 변화	
태양의 남중 고도와 낮의 길이	**태양의 남중 고도와 기온**
- 여름: 태양의 남중 고도가 높은 여름에는 낮의 길이가 길 다 .	- 여름: 태양의 남중 고도가 높은 여름에는 기온이 높 다 .
- 겨울: 태양의 남중 고도가 낮은 겨울에는 낮의 길이가 짧 다 .	- 겨울: 태양의 남중 고도가 낮은 겨울에는 기온이 낮 다 .

6.

태양의 남중 고도가
낮을 때

태양의 남중 고도가
높을 때

〈조건〉

1. 주어진 어휘를 모두 넣어 쓰세요.
 (면적) (지표면)
 (태양 에너지양)

2. 한 문장으로 쓰세요.

태양의 남중 고도가 높아질수록 기온이 높아지는 까닭	태양의 남중 고도가 높아질수록 일정한 면적의 지표면에 도달하는 태양 에너지양이 많아지기 때문입니다.

✦ 어휘

지구본의 자전축이 **수 직** 인 채 공전하게 해요.

지구본의 자전축이 수직인 채 공전하면 태양의 남중 고도가 **일 정 해 요** .

지구본의 자전축이 **기 울 어 진** 채 공전하게 해요.

지구본의 자전축이 기울어진 채 공전하면 태양의 남중 고도가 **달 라 져 요** .

지구는 자전축이 **기울어진** 채 태양 주위를 공전해요.

지구가 공전하면 지구의 위치에 따라 태양의 **남 중 고 도** 가 달라져 계절이 변해요.

여름에 북반구에서는 태양의 남중 고도가 **높 아 요** .

겨울에 북반구에서는 태양의 남중 고도가 **낮 아 요** .

✦ 독해

1. ❶ 문단 **수직인**   ❷ 문단 **기울어진**
❸ 문단 **공전**   ❹ 문단 **낮다**

2. (1) ✕   (2) ○   (3) ✕   (4) ○

✕표 답 풀이
(1) 지구는 자전축이 기울어진 채 공전하고 있다.
(3) 지구 자전축이 기울어진 방향이 태양을 향하는 위치에서는 여름이 된다.

3. ⑤

정답 풀이
⑤ 자전축이 기울어진 채 지구가 태양 주위를 공전하면 지구의 위치에 따라 태양의 남중 고도가 달라진다.

4. ②

정답 풀이
② <보기>는 지구본의 자전축 기울기를 다르게 하고 전등 주위에서 태양의 남중 고도를 측정하는 실험이다. 이 실험에서 다르게 한 조건은 지구본의 자전축 기울기이다. 전등과 지구본 사이의 거리, 태양 고도 측정기를 붙이는 위치 등 다른 조건은 모두 같게 한다.

5.

계절의 변화가 생기는 까닭
지구의 **자 전 축** 이 기울어진 채 태양 주위를 공전하기 때문에 계절의 변화가 생긴다.

자전축의 기울기와 태양의 남중 고도	계절에 따른 태양의 남중 고도
– 자전축이 **수 직** 인 채 공전할 때: 태양의 남중 고도가 일정하다. – 자전축이 기울어진 채 공전할 때: 태양의 남중 고도가 달라진다.	– 여름: 북반구에서 태양의 남중 고도가 **높 다** . – 겨울: 북반구에서 태양의 남중 고도가 낮다.

6.

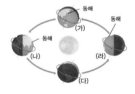

지구의 위치	(가)	(나)	(다)	(라)
우리나라의 계절	봄	여름	가을	겨울
계절의 변화가 생기는 까닭	지구의 자전축이 기울어진 채 태양 주위를 공전하기 때문입니다.			

✦ 융합 독해

1. ③

정답 풀이

③ 태양은 오후 12시 30분 무렵에 남중하는데, 태양이 남중했을 때 태양 고도는 하루 중 가장 높다고 하였으므로 ㉠은 태양 고도에 해당한다. 태양이 남중했을 때 그림자 길이는 하루 중 가장 짧다고 하였으므로 ㉢은 그림자 길이에 해당한다. 하루 중 기온이 가장 높은 시각은 태양이 남중한 시각보다 약 두 시간 뒤라고 하였으므로 ㉡은 기온에 해당한다.

2. ⑤

정답 풀이

⑤ 여름에 태양의 남중 고도가 가장 높고 겨울에 태양의 남중 고도가 가장 낮다. 따라서 ㉮는 여름, ㉯는 겨울에 해당한다. 태양의 남중 고도가 가장 높은 계절은 여름인 ㉮이다.

3. ⑤

정답 풀이

⑤ <보기>는 계절별 태양의 남중 고도에 따라 처마가 집 안으로 들어오는 햇빛의 양을 조절하는 원리를 설명하고 있다. 따라서 빈칸에 들어갈 알맞은 말은 '계절에 따라 태양의 남중 고도가 달라지는 것'이다.

✦ 개념 정리

1. (1) 동쪽
(2) 지구의 자전

2. (1) 지구의 공전
(2) 별자리

3. (1) 달의 모양
(2) 서쪽

4. (1) 태양 고도
(2) 그림자 길이

5. (1) 낮다
(2) 짧다

6. (1) 공전
(2) 여름

✦ 어휘

산 소 는 여러 가지 성질이 있어요.

산소는 색 깔 과 냄새가 없어요.

산소는 다른 물질이 타는 것을 도 와 요.

산소는 금 속 을 녹슬게 해요.

이 산 화 탄 소 는 여러 가지 성질이 있어요.

이산화 탄소는 색깔과 냄 새 가 없어요.

이산화 탄소는 다른 물질이 타는 것을 막 아 요.

이산화 탄소는 석 회 수 를 뿌옇게 해요.

✦ 독해

1. ① 문단 금속   ② 문단 산소
③ 문단 석회수   ④ 문단 이산화 탄소

2. (1) ○   (2) ○   (3) ✕   (4) ✕

✕표 답 풀이
(3) 이산화 탄소가 들어 있는 집기병에 향불을 넣으면 향불이 꺼진다.
(4) 산소는 냄새가 없다.

3. ③

정답 풀이
③ 석회수를 뿌옇게 만드는 것은 이산화 탄소의 성질이다.

4. ②

정답 풀이
② 이산화 망가니즈와 묽은 과산화 수소수를 이용하면 산소를 발생시킬 수 있다. 따라서 산소를 발생시키는 경우에 ㉠에 넣는 물질은 묽은 과산화 수소수, ㉡에 넣는 물질은 이산화 망가니즈, ㉢에 모이는 물질은 산소이다. 탄산수소 나트륨과 진한 식초를 이용하면 이산화 탄소를 발생시킬 수 있다. 따라서 이산화 탄소를 발생시키는 경우에 ㉠에 넣는 물질은 진한 식초, ㉡에 넣는 물질은 탄산수소 나트륨, ㉢에 모이는 물질은 이산화 탄소이다.

5.

산소와 이산화 탄소의 성질

산 소	이산화 탄소
- 색깔과 냄새가 없다. - 다른 물질이 타는 것을 돕는다. - 금 속 을 녹슬게 한다.	- 색깔과 냄새가 없다. - 다른 물질이 타는 것을 막는다. - 석 회 수 를 뿌옇게 만든다.

6.

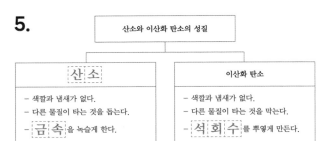

기체	산소	이산화 탄소
실험 결과	불꽃이 커집니다.	불꽃이 꺼집니다.
알 수 있는 성질	다른 물질이 타는 것을 돕습니다.	다른 물질이 타는 것을 막습니다.

✦ 어휘

온 도 에 따라 기체의 부피가 변해요.

일정한 압력에서 **온도**를 변화시켜요.

온도가 높아지면 기체의 부피가 커 져 요 .

온도가 낮아지면 기체의 부피가 작 아 져 요 .

압 력 에 따라 기체의 부피가 변해요.

일정한 온도에서 기체에 가하는 **압력**을 변화시켜요.

기체에 압력을 약하게 가하면 기체의 부피가 조 금 작아져요.

기체에 압력을 세게 가하면 기체의 부피가 많 이 작아져요.

- -

✦ 독해

1. ❶ 문단 작아진다 ❷ 문단 온도
❸ 문단 많이 ❹ 문단 압력

2. (1) ○ (2) ✕ (3) ○ (4) ✕

✕표 답 풀이

(2) 풍선은 하늘 위로 올라갈수록 커진다. 풍선 속 기체에 가해지는 압력이 땅에서보다 하늘 위로 올라갈수록 약해지기 때문이다.
(4) 높은 산 정상에서 빈 페트병을 마개로 닫은 뒤, 산에서 내려오면 페트병이 찌그러진다. 산 아래로 내려갈수록 페트병 안에 들어 있는 기체에 가해지는 압력이 세지기 때문이다.

3. ⑤

정답 풀이

⑤ 잠수부가 내뿜은 공기 방울의 크기가 수면으로 올라갈수록 커지는 현상은 압력에 따른 기체의 부피 변화와 관련된 예이다.

4. ②

정답 풀이

② <보기>는 계절에 따라 타이어에 넣는 공기의 양이 다른 것을 설명하고 있다. 이는 온도에 따라 타이어 속 공기의 부피가 달라지기 때문이다. 온도가 높아지면 기체의 부피는 커지고, 온도가 낮아지면 기체의 부피는 작아진다. 따라서 기온이 높은 여름철에는 타이어 속 공기의 부피가 커지고, 기온이 낮은 겨울철에는 타이어 속 공기의 부피가 작아진다.

5.

기체의 부피 변화	
온도에 따른 기체의 부피 변화	압 력 에 따른 기체의 부피 변화
- 온도가 높아지면 기체의 부피가 커 진 다 . - 온도가 낮아지면 기체의 부피가 작아진다.	- 기체에 압력을 약하게 가하면 기체의 부피가 조금 작아진다. - 기체에 압력을 세게 가하면 기체의 부피가 많 이 작아진다.

6.

구분	피스톤을 약하게 누를 때	피스톤을 세게 누를 때
공기의 부피 변화	 피스톤이 조금 들어갑니다.	 피스톤이 많이 들어갑니다.
압력에 따른 기체의 부피 변화	압력을 약하게 가하면 기체의 부피가 조금 작아집니다.	압력을 세게 가하면 기체의 부피가 많이 작아집니다.

✦ 어휘

공 기 는 여러 가지 기체로 이루어져 있어요.

공기는 대부분 **질소**와 **산소**로 이루어져 있어요.

이 밖에도 이 산 화 탄 소 , 헬륨, 네온, 수소 등이 섞여 있어요.

공기는 여러 가지 기체가 섞여 있는 혼 합 물 이에요.

공기를 이루는 여러 가지 기체를 일상생활에서 다양하게 이용해요.

산 소 는 응급 환자가 사용하는 산소통에 들어 있어요.

이 산 화 탄 소 는 소화기의 재료로 이용해요.

질 소 는 식품을 포장할 때 이용해요.

- -

✦ 독해

1. ❶ 문단 **질소**　❷ 문단 **공기**
　　❸ 문단 **산소**　❹ 문단 **헬륨**

2. (1) ✕　(2) ○　(3) ✕　(4) ○

✕표 답 풀이
(1) 수소는 색깔과 냄새가 없고 매우 가볍다.
(3) 헬륨은 비행선이나 풍선을 공중에 띄우는 데 이용한다. 자동차 에어백을 채우는 데 이용하는 기체는 질소이다.

3. ⑤

오답 풀이
① 조명 기구에 이용되는 기체는 네온이다.
② 금속을 자르는 데 이용되는 기체는 산소이다.
③ 식품을 포장하는 데 이용되는 기체는 질소이다.
④ 비행선을 띄우는 데 이용되는 기체는 헬륨이다.

4. ⑤

정답 풀이
⑤ <보기>에서 학생들은 수소를 이용한 수소 연료 전지, 헬륨을 이용한 라디오존데 등 공기를 이루는 기체의 쓰임새에 대해 이야기하고 있다. 따라서 ㉠에 들어갈 알맞은 말은 '공기를 이루는 기체의 쓰임새'이다.

5.

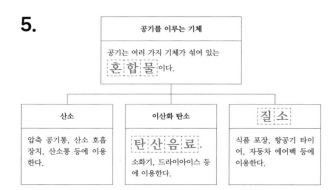

공기를 이루는 기체
공기는 여러 가지 기체가 섞여 있는 혼 합 물 이다.

산소	이산화 탄소	질 소
압축 공기통, 산소 호흡 장치, 산소통 등에 이용한다.	탄 산 음 료 , 소화기, 드라이아이스 등에 이용한다.	식품 포장, 항공기 타이어, 자동차 에어백 등에 이용한다.

6.

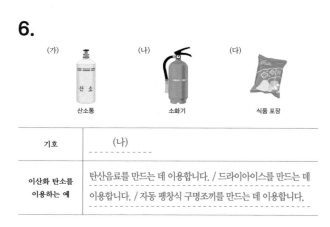

(가) 산소통　(나) 소화기　(다) 식품 포장

기호	(나)
이산화 탄소를 이용하는 예	탄산음료를 만드는 데 이용합니다. / 드라이아이스를 만드는 데 이용합니다. / 자동 팽창식 구명조끼를 만드는 데 이용합니다.

✦ 어휘

물질이 산소와 **빠르게** 반응하여 빛과 열을 내는 현상을 **연소**라고 해요.

연소가 일어나려면 │탈│물│질│이 필요해요.

연소가 일어나려면 │산│소│가 필요해요.

연소가 일어나려면 │발│화│점│이│상│의│온│도│가 필요해요.

물질이 │연│소│하면 연소 전의 물질과는 다른 물질이 만들어져요.

초가 연소한 후에는 │물│과 │이│산│화│탄│소│가 생겨요.

푸른색 염화 코발트 종이가 붉게 변하는 것을 통해 │물│이 생긴 것을 알 수 있어요.

석회수가 뿌옇게 흐려지는 것을 통해 │이│산│화│탄│소│가 생긴 것을 알 수 있어요.

- -

✦ 독해

1. ❶ 문단 **빛**　　　❷ 문단 **산소**
❸ 문단 **다른**　　❹ 문단 **물**

2. (1) ○　(2) ✕　(3) ○　(4) ○

✕표 답 풀이
(2) 푸른색 염화 코발트 종이는 물에 닿으면 붉게 변한다.

3. ②

정답 풀이
② 탈 물질이 있더라도 산소가 없으면 연소가 일어나지 않는다.

4. ④

정답 풀이
④ (나)에서 성냥의 머리 부분에 먼저 불이 붙는 것은 성냥의 머리 부분이 나무 부분보다 발화점이 낮기 때문이다.

오답 풀이
①②③ (가)에서 큰 아크릴 통 속 초가 더 오래 타는 것은 큰 아크릴 통 속 공기(산소)의 양이 더 많기 때문이다.
⑤ 물질이 연소하려면 온도가 발화점 이상이 되어야 한다.

5.

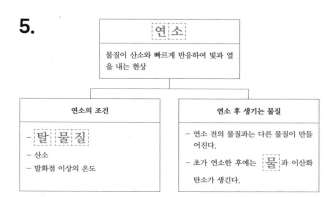

6.

실험 결과	푸른색 염화 코발트 종이가 붉게 변했습니다.	석회수가 뿌옇게 흐려졌습니다.
알 수 있는 점	초가 연소한 후 물이 생깁니다.	초가 연소한 후 이산화 탄소가 생깁니다.

✦ 어휘

연소의 조건 중에서 한 가지 이상의 조건을 없애 불을 끄는 것을 **소화**라고 해요.

탈 물 질 을 없애면 불이 꺼져요.

산 소 를 차단하면 불이 꺼져요.

발 화 점 미 만 으로 온도를 낮추면 불이 꺼져요.

연소의 조건 중에서 한 가지 이상의 조건을 없애 **촛불**을 끌 수 있어요.

촛불을 입으로 불면 탈 물 질 이 날아가 촛불이 꺼져요.

촛불을 집기병으로 덮으면 산 소 가 차단되어 촛불이 꺼져요.

촛불에 물을 뿌리면 발 화 점 미 만 으로 온도가 낮아져 촛불이 꺼져요.

✦ 독해

1. ❶ 문단 **소화**　　❷ 문단 **산소**
　　❸ 문단 **물**　　❹ 문단 **탈 물질**

2. (1) ✕　(2) ○　(3) ○　(4) ✕

✕표 답 풀이
(1) 기름이나 가스가 탈 때는 물을 뿌리면 불이 더 크게 번질 수 있다. 따라서 이때는 산소를 차단하기 위해 모래를 덮거나 소화기로 불을 꺼야 한다.
(4) 초의 심지를 핀셋으로 집으면 탈 물질이 심지를 타고 올라가지 못하므로 탈 물질이 없어져서 촛불이 꺼진다.

3. ④

오답 풀이
① 가스 밸브를 잠그는 것은 탈 물질을 없애 불을 끄는 방법이다.
② 모닥불에 모래를 뿌리는 것은 산소를 차단하여 불을 끄는 방법이다.
③ 장작불의 나무를 치우는 것은 탈 물질을 없애 불을 끄는 방법이다.
⑤ 알코올램프의 뚜껑을 덮는 것은 산소를 차단하여 불을 끄는 방법이다.

4. ①

정답 풀이
① 이산화 탄소가 들어 있는 풍선 입구를 촛불에 가까이 하면 이산화 탄소가 산소를 차단해서 촛불이 꺼진다.

5.

소 화
연소의 조건 중에서 한 가지 이상의 조건을 없애 불을 끄는 것

소화 방법	촛불을 끄는 방법
– 탈 물질 없애기 – 산소 차단하기 – 발 화 점 미만으로 온도 낮추기	– 탈 물질 없애기: 촛불을 입으로 분다. – 산소 차단하기: 촛불을 촛불 덮개나 집기병으로 덮는다. – 발화점 미만으로 온도 낮추기: 촛불에 물 을 뿌린다.

6.

촛불을 끄는 방법		
	촛불을 입으로 불기	촛불을 집기병으로 덮기
촛불이 꺼지는 까닭	탈 물질이 날아가기 때문에 촛불이 꺼집니다.	산소가 차단되기 때문에 촛불이 꺼집니다.

✦ 어휘

불이 난 곳으로 　소 화 기　를 가져가요.

손잡이 부분의 　안 전 핀　을 뽑아요.

바람을 등지고 　고 무 관　을 불 쪽으로 향하도록 잡아요.

손잡이를 움켜쥐고 　분 말　을 골고루 뿌려요.

화재를 발견하면 "**불이야!**" 하고 큰 소리로 외쳐요.

화재가 발생하면 　1 1 9　에 신고해요.

젖은 수건으로 코와 입을 막고 　낮 은 자 세　로 이동해요.

승강기 대신 　계 단　을 이용해 대피해요.

✦ 독해

1. ❶ 문단 **원인**　　❷ 문단 **소화기**

　　❸ 문단 **낮은**　　❹ 문단 **피해**

2. (1) ○　(2) ✕　(3) ○　(4) ○

✕표 답 풀이

⑵ 소화기는 화재의 초기 단계에서 불을 끌 수 있는 도구이다.

3. ②

정답 풀이

② 화재가 발생하면 정전으로 승강기가 멈춰 갇힐 수 있으므로 이동할 때는 승강기 대신 계단을 이용하여 대피한다.

4. ④

정답 풀이

④ <보기>는 화재가 발생할 수 있는 여러 가지 상황을 제시하고 있다. (다)와 같이 전기로 발생하는 화재는 먼저 차단기를 내려 전기를 차단해야 하며, 소화기로 불을 끄는 것이 효과적이다.

5.

화재 안전 대책	
분말 소 화 기 사용 방법	화재 발생 시 대처 방법
소화기를 불이 난 곳으로 옮긴다. → 안전핀을 뽑는다. → 소화기의 고무관을 불 쪽으로 향하도록 잡는다. → 손잡이를 움켜쥐고 분말을 골고루 뿌린다.	- "불이야!" 하고 큰 소리로 외친다. - 1 1 9 에 신고한다. - 젖은 수건으로 코와 입을 막고 낮은 자세로 이동한다. - 승강기 대신 계 단 을 이용한다.

6.

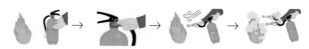

분말 소화기로 불을 끄는 방법	소화기를 불이 난 곳으로 옮깁니다. → 손잡이 부분의 안전핀을 뽑습니다. → 바람을 등지고 소화기의 고무관을 불 쪽으로 향하도록 잡습니다. → 소화기의 손잡이를 움켜쥐고 분말을 골고루 뿌려 불을 끕니다.

✦ 융합 독해

1. ⑤

정답 풀이

⑤ (다)에서 이산화 망가니즈와 묽은 과산화 수소수를 이용하면 산소를 발생시킬 수 있음을 알 수 있다. 따라서 (가) 기체 발생 장치의 집기병에 모인 기체는 산소이다. 산소는 색깔과 냄새가 없고, 다른 물질이 타는 것을 도우며, 철이나 구리와 같은 금속을 녹슬게 한다.

2. ④

정답 풀이

④ (나)의 실험에서 공기가 든 주사기의 피스톤을 약하게 누를 때 주사기 속 공기의 부피가 조금 작아지고, 피스톤을 세게 누를 때 주사기 속 공기의 부피가 많이 작아진다. 이를 통해 기체에 압력을 세게 가하면 기체의 부피가 많이 작아진다는 것을 알 수 있다.

3. ②

정답 풀이

② 온도가 높아지면 기체의 부피는 커지므로 삼각 플라스크를 따뜻한 물에 넣으면 고무풍선이 커진다. 온도가 낮아지면 기체의 부피는 작아지므로 따뜻한 물에 넣었던 삼각 플라스크를 얼음물에 넣으면 고무풍선이 작아진다.

✦ 개념 정리

1. (1) 산소
(2) 이산화 탄소

2. (1) 작아진다
(2) 많이

3. (1) 질소
(2) 산소

4. (1) 연소
(2) 발화점

5. (1) 소화
(2) 탈 물질

6. (1) 소화기
(2) 계단

✦ 어휘

모든 생물은 **세포**로 이루어져 있어요.

식 물 세 포 는 핵, 세포막, 세포벽 등으로 이루어져 있어요.

식물 세포는 세포벽과 세포막으로 둘러싸여 있고 그 안에 **핵** 이 있어요.

식물 세포는 동물 세포와 다르게 **세포벽**이 있어요.

모든 생물은 **세 포** 로 이루어져 있어요.

동 물 세 포 는 핵, 세포막 등으로 이루어져 있어요.

동물 세포는 세포막으로 둘러싸여 있고 그 안에 **핵** 이 있어요.

동물 세포는 식물 세포와 다르게 **세 포 벽** 이 없어요.

✦ 독해

1. ① 문단 세포   ② 문단 식물 세포
  ③ 문단 동물 세포   ④ 문단 세포막

2. (1) ○ (2) ○ (3) ✕ (4) ○

✕표 답 풀이
(3) 입안 상피 세포는 세포의 가장자리가 얇다.

3. ②

정답 풀이
② 세포는 대부분 크기가 매우 작아 맨눈으로 볼 수 없다.

4. ③

정답 풀이
③ 식물 세포와 동물 세포는 세포막으로 둘러싸여 있고 그 안에 핵이 있으므로 ㉠은 핵, ㉡은 세포막이다. 식물 세포는 세포벽이 있고 동물 세포는 세포벽이 없으므로 ㉢은 세포벽이다. 따라서 ㉡은 세포막으로, 세포 내부와 외부를 드나드는 물질의 출입을 조절한다. 세포의 생명 활동을 조절하는 것은 ㉠ 핵이다.

5.

세 포
생물체를 이루는 가장 작은 기본 단위

식물 세포	동물 세포
세포벽과 세포막으로 둘러싸여 있고 그 안에 **핵** 이 있다. 예) 양파 표피 세포	– 세포막으로 둘러싸여 있고 그 안에 핵이 있다. – **세 포 벽** 이 없다. 예) 입안 상피 세포

6.

 식물 세포   동물 세포

〈조건〉
1. 주어진 어휘를 모두 넣어 쓰세요.
 (동물) (세포) (세포벽) (식물)
2. 한 문장으로 쓰세요.

공통점	– 핵이 있습니다. – 세포막으로 둘러싸여 있습니다.
차이점	식물 세포는 세포벽이 있지만 동물 세포는 세포벽이 없습니다.

✦ 어휘

뿌리는 땅속으로 뻗어 식물을 [지 지] 해요.

뿌리는 땅속으로 뻗어 물을 [흡 수] 해요.

줄기는 잎과 꽃을 받쳐 식물을 [지 지] 해요.

줄기는 물과 양분이 [이 동] 하는 통로예요.

식물은 주로 [잎] 에서 양분을 만들어요.

식물이 빛, 물, 이산화 탄소를 이용해 양분을 만드는 것을 [광 합 성] 이라고 해요.

잎의 표면에는 작은 구멍인 **기공**이 있어요.

물이 기공을 통해 식물 밖으로 빠져나가는 것을 [증 산 작 용] 이라고 해요.

✦ 독해

1. ❶ 문단 **식물**　　❷ 문단 **뿌리**
❸ 문단 **줄기**　　❹ 문단 **광합성**
❺ 문단 **증산 작용**

2. (1) ○　(2) ✕　(3) ✕　(4) ○

✕표 답 풀이
(2) 감자는 줄기에 양분을 저장하는 식물이다. 뿌리에 양분을 저장하는 식물에는 무, 당근, 고구마 등이 있다.
(3) 나팔꽃은 다른 물체를 감고 올라가는 줄기이다. 땅 위를 기는 듯이 뻗는 줄기를 가진 식물에는 고구마가 있다.

3. ④

정답 풀이
④ 식물은 빛, 물, 이산화 탄소를 이용해 양분을 만드는데, 이것을 광합성이라고 한다. 광합성을 하면 이산화 탄소가 생기는 것이 아니라 광합성을 할 때 이산화 탄소를 이용한다.

4. ④

정답 풀이
④ <보기>의 (가)에서 뿌리를 자르지 않은 양파를 올려 둔 비커의 물이 더 많이 줄어든 것을 통해 뿌리가 물을 흡수한다는 것을 알 수 있다. (나)에서 잎이 있는 봉선화 모종의 비닐봉지 안에만 물이 생긴 것을 통해 물이 잎을 통해 식물 밖으로 빠져나가는 것을 알 수 있다. 이처럼 잎에서 물이 식물 밖으로 빠져나가는 것을 증산 작용이라고 한다.

5.

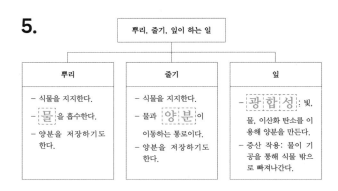

뿌리, 줄기, 잎이 하는 일		
뿌리	**줄기**	**잎**
- 식물을 지지한다. - [물]을 흡수한다. - 양분을 저장하기도 한다.	- 식물을 지지한다. - 물과 [양 분]이 이동하는 통로이다. - 양분을 저장하기도 한다.	- [광 합 성]: 빛, 물, 이산화 탄소를 이용해 양분을 만든다. - 증산 작용: 물이 기공을 통해 식물 밖으로 빠져나간다.

6.

	가로로 자른 단면	세로로 자른 단면
백합 줄기 단면	붉은 점들이 줄기에 퍼져 있습니다.	여러 개의 붉은 선이 줄기를 따라 이어져 있습니다.
알 수 있는 줄기의 기능	줄기는 물이 이동하는 통로 역할을 합니다.	

✦ 어휘

꽃 은 대부분 암술, 수술, 꽃잎, 꽃받침으로 이루어져 있어요.

수술에서 만든 꽃가루가 암술로 옮겨지는 것을 **꽃가루받이** 라고 해요.

꽃은 꽃가루받이를 거쳐 씨 를 만들어요.

열매 는 어린 씨를 보호하고 씨가 익으면 퍼뜨려요.

민들레처럼 바 람 에 날려서 씨가 퍼지는 방법이 있어요.

산수유나무처럼 동 물 에게 먹혀서 씨가 퍼지는 방법이 있어요.

도꼬마리처럼 동 물 의 털 에 붙어서 씨가 퍼지는 방법이 있어요.

연꽃처럼 물 에 실려서 씨가 퍼지는 방법이 있어요.

✦ 독해

1. ❶ 문단 **암술**　　❷ 문단 **꽃가루받이**

❸ 문단 **열매**　　❹ 문단 **씨**

2. (1) ○　(2) ✕　(3) ○　(4) ○

✕표 답 풀이

(2) 연꽃은 열매가 물에 실려서 퍼진다. 열매가 터지면서 씨가 튀어 나가는 식물에는 봉선화나 콩이 있다.

3. ①

정답 풀이

① 꽃은 대부분 암술, 수술, 꽃잎, 꽃받침으로 이루어져 있다. 그러나 호박꽃처럼 암술, 수술, 꽃잎, 꽃받침 중 일부가 없는 꽃도 있다.

4. ③

정답 풀이

③ <보기>는 꽃가루받이가 일어나 열매가 자라는 과정을 나타내고 있다. (가) 과정에서 수술에서 만든 꽃가루가 암술로 옮겨 붙는 꽃가루받이가 이루어지면 (나) 과정에서 암술 속에서 씨가 만들어진다.

5.

꽃과 열매

- 꽃: 꽃 가 루 받 이 를 거쳐 씨를 만든다.
- 열매: 어린 씨를 보호하고 씨가 익으면 멀리 퍼뜨린다.

꽃가루받이 방법	씨가 퍼지는 방법
- 곤 충 에 의한 꽃가루받이 - 새에 의한 꽃가루받이 - 바람에 의한 꽃가루받이 - 물에 의한 꽃가루받이	- 바 람 에 날려서 퍼진다. - 동물에게 먹혀서 퍼진다. - 동물의 털에 붙어서 퍼진다. - 물에 실려서 퍼진다. - 열매가 터져서 퍼진다.

6.

식물	 민들레	 산수유나무	 도꼬마리
씨가 퍼지는 방법	바람에 날려서 씨가 퍼집니다.	동물에게 먹혀서 씨가 퍼집니다.	동물의 털에 붙어서 씨가 퍼집니다.

✦ 어휘

영양소를 흡수할 수 있도록 음식물을 잘게 조개는 과정을 **소화**라고 해요.

소 화 기 관 에는 입, 식도, 위, 작은창자, 큰창자, 항문 등이 있어요.

음식물은 입, 식도, 위 , 작은창자, 큰창자, 항문을 거치며 소화돼요.

소화 기관은 음식물을 잘게 조개어 영 양 소 를 흡수해요.

숨을 들이마시고 내쉬는 활동을 **호흡**이라고 해요.

호 흡 기 관 에는 코, 기관, 기관지, 폐 등이 있어요.

숨을 들이마실 때 코로 들어온 공기는 기관, 기관지를 거쳐 폐 로 들어가요.

호흡 기관은 산 소 를 받아들이고 **이산화 탄소**를 내보내요.

- -

✦ 독해

1. ❶ 문단 **기관**　　❷ 문단 **뼈**

❸ 문단 **소화 기관**　　❹ 문단 **작은창자**

❺ 문단 **호흡 기관**

2. (1) ○　(2) ○　(3) ○　(4) ✕

✕표 답 풀이

(4) 음식물은 입, 식도, 위, 작은창자, 큰창자, 항문을 순서대로 지나간다.

3. ③

정답 풀이

③ 뼈는 스스로 움직일 수 없고, 근육이 줄어들거나 늘어나면서 뼈를 움직이게 한다.

4. ③

정답 풀이

③ (가)에서 음식물이 입 → 식도 → ㉠ → ㉡ → ㉢ → 항문 순서로 지나가므로 ㉠은 위, ㉡은 작은창자, ㉢은 큰창자이다. (나)에서 숨을 들이마실 때 공기가 코 → 기관 → ㉣ → ㉤ 순서로 이동하므로 ㉣은 기관지, ㉤은 폐이다. ㉢ 큰창자는 음식물 찌꺼기에 남아 있는 수분을 흡수한다. 소화되지 않은 음식물 찌꺼기를 몸 밖으로 배출하는 것은 항문이다.

5.

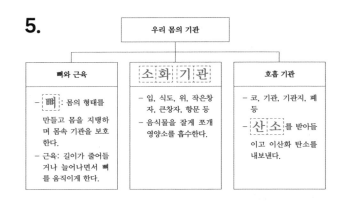

```
              우리 몸의 기관
   ┌───────────────┼───────────────┐
 뼈와 근육          소 화 기 관          호흡 기관

- 뼈 : 몸의 형태를    - 입, 식도, 위, 작은창    - 코, 기관, 기관지, 폐
  만들고 몸을 지탱하     자, 큰창자, 항문 등       등
  며 몸속 기관을 보호   - 음식물을 잘게 조개     - 산 소 를 받아들
  한다.               영양소를 흡수한다.        이고 이산화 탄소를
- 근육: 길이가 줄어들                          내보낸다.
  거나 늘어나면서 뼈
  를 움직이게 한다.
```

6.

숨을 들이마실 때	숨을 들이마실 때 공기는 코 → 기관 → 기관지 → 폐로 들어갑니다.
숨을 내쉴 때	숨을 내쉴 때 몸속의 공기는 폐 → 기관지 → 기관 → 코를 거쳐 몸 밖으로 나갑니다.

✦ 어휘

혈액이 온몸을 도는 과정을 **순환**이라고 해요.

혈액 속 노폐물을 몸 밖으로 내보내는 과정을 **배설**이라고 해요.

순 환 기 관 에는 심장과 혈관이 있어요.

배 설 기 관 에는 콩팥, 방광 등이 있어요.

심 장 은 펌프 작용을 하여 혈액을 온몸으로 보내요.

콩 팥 은 혈액에 있는 노폐물을 걸러 내어 오줌을 만들어요.

혈 관 은 혈액이 이동하는 통로예요.

방 광 은 오줌을 저장했다가 몸 밖으로 내보내요.

✦ 독해

1. ❶ 문단 **노폐물**　❷ 문단 **순환 기관**

❸ 문단 **혈액 순환**　❹ 문단 **배설 기관**

2. (1) ○　(2) ✕　(3) ○　(4) ○

✕표 답 풀이

(2) 방광은 오줌을 저장했다가 몸 밖으로 내보낸다. 혈액에 있는 노폐물을 걸러 내어 오줌을 만드는 배설 기관은 콩팥이다.

3. ③

정답 풀이

③ 혈관은 굵기가 다양한 긴 관이 복잡하게 얽힌 모양이다.

4. ⑤

정답 풀이

⑤ 노폐물이 많아진 혈액이 콩팥으로 운반되므로 ㉠은 콩팥이다. 콩팥에서 만들어진 오줌은 오줌관을 지나 방광에 모이므로 ㉡은 방광이다. ㉠ 콩팥에서 노폐물이 걸러진 깨끗한 혈액은 다시 혈관을 통해 온몸을 순환한다.

5.

우리 몸의 기관	
순 환 기 관	배설 기관
- 심 장 , 혈관 - 산소와 영양소를 온몸으로 운반하고, 몸에서 생긴 이산화 탄소와 노폐물을 운반한다.	- 콩팥, 방광 등 - 혈액 속 노 폐 물 을 걸러 내어 몸 밖으로 내보낸다.

6.

〈조건〉
1. 주어진 어휘를 모두 넣어 쓰세요.
　(산소)　(영양소)　(온몸)
2. 한 문장으로 쓰세요.

심장에서 나온 혈액이 하는 일	혈액은 (혈관을 따라 이동하면서) 우리 몸에 필요한 산소와 영양소를 온몸으로 운반합니다.

✦ 어휘

주변의 자극을 받아들이는 것을 **감각**이라고 해요.

감 각 기 관 에는 눈, 귀, 코, 혀, 피부 등이 있어요.

눈 으로 주변의 사물을 보고, **귀** 로 소리를 들어요.

코 로 냄새를 맡고, **혀** 로 맛을 보고, **피 부** 로 따뜻함, 차가움 등을 느껴요.

감 각 기 관 이 자극을 받아들여요.

신경계는 자극을 전달하고 행동을 결정해요.

신 경 계 는 운동 기관에 명령을 전달해요.

운 동 기 관 은 전달받은 명령에 따라 반응해요.

- -

✦ 독해

1. ❶ 문단 **감각 기관**　❷ 문단 **피부**
　　❸ 문단 **신경계**　❹ 문단 **기관**

2. (1) ✕　(2) ○　(3) ✕　(4) ○

✕표 답 풀이
(1) 운동을 하면 호흡이 빨라진다.
(3) 우리 몸에서 주변의 자극을 받아들이는 것을 감각이라고 한다.

3. ⑤

오답 풀이
① 노랫소리를 들을 때 자극을 받아들인 감각 기관은 귀이다.
② 음식 냄새를 맡을 때 자극을 받아들인 감각 기관은 코이다.
③ 귤의 단맛을 느낄 때 자극을 받아들인 감각 기관은 혀이다.
④ 날아오는 공을 볼 때 자극을 받아들인 감각 기관은 눈이다.

4. ④

정답 풀이
④ <보기>는 운동하기 전, 운동한 직후, 운동하고 5분 휴식 후의 체온과 심장 박동 수를 나타낸 그래프이다. 운동을 하고 시간이 지나면 심장 박동 수가 운동 직후보다 감소한다.

5.

감각 기관과 자극의 전달	
감 각 기 관	**자극의 전달 과정**
- 눈, 귀, 코, 혀, 피부 등 - 주변의 자극을 받아들인다.	감각 기관 → 자극을 전달하는 신경계 → 행동을 결정하는 **신 경 계** → 명령을 전달하는 신경계 → **운 동 기 관**

6.

감각 기관	날아오는 공을 봅니다.
↓	
자극을 전달하는 신경계	공이 날아온다는 자극을 전달합니다.
↓	
행동을 결정하는 신경계	공을 잡겠다고 결정합니다.
↓	
명령을 전달하는 신경계	공을 잡으라는 명령을 운동 기관에 전달합니다.
↓	
운동 기관	공을 잡습니다.

✦ 융합 독해

1. ⑤

정답 풀이
⑤ 백합 줄기를 자른 단면에서 붉은 색소 물이 든 부분은 물이 이동한 통로이다. 이를 통해 줄기는 물이 이동하는 통로 역할을 한다는 것을 알 수 있다.

2. ①

정답 풀이
① 잎에 도달한 물이 기공을 통해 식물 밖으로 빠져나가는 것을 증산 작용이라고 한다. (나)에서 ㉮ 잎을 없앤 봉선화 모종에서는 증산 작용이 일어나지 않으므로 ㉮의 비닐봉지 안에는 물방울이 맺히지 않는다.

3. ⑤

정답 풀이
⑤ 열매는 씨가 익으면 멀리 퍼뜨리는 역할을 한다.

✦ 개념 정리

1. (1) 세포
(2) 식물 세포

2. (1) 광합성
(2) 증산 작용

3. (1) 꽃가루받이
(2) 열매

4. (1) 소화 기관
(2) 호흡 기관

5. (1) 순환 기관
(2) 배설 기관

6. (1) 감각 기관
(2) 신경계

✦ 어휘

프리즘은 유리나 플라스틱 등으로 만든 투명한 삼각기둥 모양의 기구예요.

햇빛을 프 리 즘 에 통과시켜요.

햇빛이 프리즘을 통과하면 여 러 가 지 색 의 빛이 나타나요.

햇 빛 은 여러 가지 색의 빛으로 이루어져 있어요.

빛이 공기 중에서 **직진**하다가 물이나 유리를 만나요.

빛이 공기 중에서 물로 비스듬히 들어갈 때 공기와 물 의 경계에서 꺾여 나아가요.

빛이 공기 중에서 유리로 비스듬히 들어갈 때 공기와 유 리 의 경계에서 꺾여 나아가요.

서로 다른 물질의 경계에서 빛이 꺾여 나아가는 것을 빛 의 굴 절 이라고 해요.

✦ 독해

1. ❶ 문단 프리즘　　❷ 문단 무지개
❸ 문단 빛의 굴절　　❹ 문단 다르게

2. (1) ○　(2) ✕　(3) ○　(4) ✕

✕표 답 풀이
(2) 물속에 있는 다리를 물 밖에서 보면 실제보다 다리가 짧아 보인다.
(4) 빛이 공기 중에서 유리로 비스듬히 나아갈 때 공기와 유리의 경계에서 꺾여 나아간다.

3. ④

정답 풀이
④ 햇빛이 프리즘을 통과하면 여러 가지 색의 빛이 나타난다. 이를 통해 햇빛이 여러 가지 색의 빛으로 이루어져 있다는 것을 알 수 있다.

4. ④

정답 풀이
④ <보기>의 실험 결과에서 레이저 지시기의 빛을 비스듬하게 비추면 빛이 공기와 물의 경계에서 꺾여 나아간다. 이를 통해 빛이 공기 중에서 물로 비스듬히 나아갈 때 굴절한다는 것을 알 수 있다.

5.

프리즘을 통과한 햇빛	빛의 굴절
– 프 리 즘 은 유리나 플라스틱 등으로 만든 투명한 삼각기둥 모양의 기구이다. – 햇빛이 프리즘을 통과하면 여러 가지 색의 빛이 나타난다.	– 서로 다른 물질의 경계에서 빛이 꺾여 나아가는 것을 빛의 굴 절 이라고 한다. – 빛은 공기와 물 의 경계, 공기와 유리의 경계에서 굴절한다.

6.

〈조건〉
1. 주어진 어휘를 모두 넣어 쓰세요.
　(공기) (굴절) (물) (빛)
2. 한 문장으로 쓰세요.

실제 물고기의 위치	(나)
눈에 보이는 물고기의 위치	(가)
까닭	공기와 물의 경계에서 빛이 굴절하기 때문입니다.

✦ 어휘

볼록 렌즈는 가운데 부분이 가장자리보다 두꺼운 렌즈예요.

빛은 공기 중에서 나아가다가 볼록 렌즈를 통과하면 | 굴 | 절 | 해요.

볼록 렌즈로 물체를 보면 실제 모습보다 | 크 | 게 | 보이기도 해요.

볼록 렌즈로 물체를 보면 | 상 | 하 | 좌 | 우 | 가 바뀌어 보이기도 해요.

일상생활에서 | 볼 | 록 | 렌 | 즈 | 를 이용한 다양한 기구를 사용해요.

| 현 | 미 | 경 | 은 작은 물체를 확대할 때 쓰여요.

| 망 | 원 | 경 | 은 멀리 있는 물체를 확대할 때 쓰여요.

| 돋 | 보 | 기 | 안 | 경 | 은 작은 글씨를 확대할 때 쓰여요.

- -

✦ 독해

1. ❶ 문단 **두꺼운**   ❷ 문단 **굴절**
   ❸ 문단 **다르게**   ❹ 문단 **볼록 렌즈**

2. (1) ○   (2) ✕   (3) ○   (4) ✕

✕표 답 풀이
(2) 볼록 렌즈로 햇빛을 모은 곳은 주변보다 밝기가 밝고 온도가 높다.
(4) 빛이 볼록 렌즈의 가장자리를 통과하면 빛은 두꺼운 쪽으로 꺾여 나아간다.

3. ②

정답 풀이
② 볼록 렌즈로 물체를 보면 실제 모습보다 크게 보이기도 하고, 실제 모습보다 작고 상하좌우가 바뀌어 보이기도 한다.

4. ③

정답 풀이
③ <보기>는 간이 사진기의 구조와 원리를 설명하고 있다. 간이 사진기에 있는 볼록 렌즈가 빛을 굴절시켜 기름종이에 상하좌우가 바뀐 물체의 모습을 만든다고 하였다. 따라서 간이 사진기로 본 글자의 모습은 | ㄴ | 이다.

5.

| 볼 | 록 | 렌 | 즈 |

가운데 부분이 가장자리보다 두꺼운 렌즈

볼록 렌즈의 특징	**볼록 렌즈의 이용**
– 빛은 공기 중에서 나아가다가 볼록 렌즈를 통과하면 | 굴 | 절 | 한다. – 볼록 렌즈로 물체를 보면 실제 모습과 다르게 보인다.	– 사진기 – 현미경 – 망원경 – | 돋 | 보 | 기 | 안 | 경 |

6.

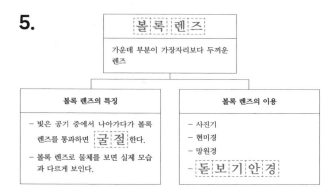

기구	사진기	현미경
쓰임새	빛을 모아 사진을 촬영할 때 쓰입니다.	작은 물체를 확대해서 자세히 관찰할 때 쓰입니다.

✦ 어휘

전 구 에 불을 켜려면 전구와 전지를 전선으로 연결해요.

전구에 불을 켜려면 전지, 전구, 전선을 끊 기 지 않 게 연결해요.

전구에 불을 켜려면 전구를 전 지 의 (+)극과 (−)극에 각각 연결해요.

전지, 전구, 전선 등을 연결하여 전기가 흐르도록 한 것을 **전기 회로**라고 해요.

전구의 연결 방법에 따라 **전구의 밝기**가 달라요.

전구 두 개 이상을 한 줄로 연결하는 방법을 전구의 직 렬 연 결 이라고 해요.

전구 두 개 이상을 여러 줄에 나누어 연결하는 방법을 전구의 병 렬 연 결 이라고 해요.

전구를 병렬연결한 전기 회로의 전구가 직렬연결한 회로의 전구보다 더 밝 아 요 .

- -

✦ 독해

1. ❶ 문단 **전기 회로**   ❷ 문단 **전지**
❸ 문단 **밝다**   ❹ 문단 **직렬연결**

2. (1) ○ (2) ✕ (3) ○ (4) ✕

✕표 답 풀이
(2) 전기 부품은 전기가 잘 통하는 부분과 전기가 잘 통하지 않는 부분으로 이루어져 있다.
(4) 전구를 병렬연결한 전기 회로의 전지는 전구를 직렬연결한 전기 회로의 전지보다 더 빨리 닳는다.

3. ①

정답 풀이
① 전지는 전기 회로에 전기 에너지를 공급한다. 전기가 흐르는 길을 끊거나 연결하는 전기 부품은 스위치이다.

4. ③

정답 풀이
③ 전기 회로에서 전구 두 개 이상을 한 줄로 연결하는 방법을 전구의 직렬연결이라 하고, 전구 두 개 이상을 여러 개의 줄에 나누어 한 개씩 연결하는 방법을 전구의 병렬연결이라고 한다. ㉠, ㉣은 두 전구를 병렬연결하였고, ㉡, ㉢은 두 전구를 직렬연결하였다. 두 전구를 병렬연결한 전기 회로의 전구가 직렬연결한 전기 회로의 전구보다 더 밝으므로 전구의 밝기가 밝은 전기 회로는 ㉠, ㉣이고, 전구의 밝기가 어두운 전기 회로는 ㉡, ㉢이다.

5.

전 기 회 로
전기 부품을 서로 연결해 전기가 흐르도록 한 것

전구에 불이 켜지는 조건	전구의 연결 방법
- 전지, 전구, 전선을 끊기지 않게 연결한다. - 전구를 전 지 의 (+)극과 (−)극에 각각 연결한다.	- 직 렬 연 결 : 전구 두 개 이상을 한 줄로 연결하는 방법 - 병렬연결: 전구 두 개 이상을 여러 개의 줄에 나누어 한 개씩 연결하는 방법

6.

 (가)   (나)   (다)

불이 켜지는 전기 회로	(다)
까닭	전지, 전구, 전선이 끊기지 않게 연결되어 있고, 전구가 전지의 (+)극과 (−)극에 각각 연결되어 있기 때문입니다.

✦ 어휘

전기가 흐르면 자석의 성질이 나타나는 자석을 **전자석**이라고 해요.

전자석은 전기가 흐를 때만 **자석의 성질**이 나타나요.

전지의 개수를 다르게 하면 **전자석의 세기**를 조절할 수 있어요.

전지의 연결 방향을 바꾸면 **전자석의 극**을 바꿀 수 있어요.

전 자 석은 우리 생활에서 다양하게 사용돼요.

전 자 석 기 중 기는 전자석을 이용해 무거운 철제품을 옮겨요.

자 기 부 상 열 차는 전자석을 이용해 선로 위에 떠서 달려요.

선 풍 기는 전자석을 이용해 날개를 돌려 바람을 일으켜요.

✦ 독해

1. ① 문단 **전자석**　② 문단 **자석의 극**
③ 문단 **전지**　④ 문단 **스피커**

2. (1) ✕　(2) ✕　(3) ○　(4) ○

✕표 답 풀이
(1) 전자석은 전기가 흐를 때만 자석의 성질이 나타나므로 전자석에 전기가 흐를 때만 철 클립이 붙는다.
(2) 영구 자석은 자석의 세기가 일정하다.

3. ①

정답 풀이
① 전지의 연결 방향을 바꾸면 전자석의 극을 바꿀 수 있다.

4. ④

정답 풀이
④ <보기>에서 ㉠은 전지 한 개를, ㉡은 전지 두 개를 일렬로 연결하였다. 일렬로 연결한 전지의 개수가 많을수록 전자석의 세기가 커지므로 ㉠의 전자석보다 ㉡의 전자석에 철 클립이 더 많이 붙는다.

5.

전 자 석
전기가 흐르면 자석의 성질이 나타나는 자석

전자석의 성질	전자석의 이용
– 전기가 흐를 때만 자석의 성질이 나타난다. – 전자석의 세기를 조절할 수 있다. – 전자석의 **극**을 바꿀 수 있다.	– **전 자 석 기 중 기** – 자기 부상 열차 – 선풍기 – 스피커

6.

구분	영구 자석	전자석
자석의 성질	항상 자석의 성질이 나타납니다.	전기가 흐를 때만 자석의 성질이 나타납니다.
자석의 세기	자석의 세기가 일정합니다.	자석의 세기를 조절할 수 있습니다.
자석의 극	자석의 극이 일정합니다.	자석의 극을 바꿀 수 있습니다.

✦ 어휘

열에너지, 전기 에너지, 빛에너지 등 다양한 에 너 지 형 태 가 있어요.

열 에 너 지 는 물체의 온도를 높이고, **전기 에너지**는 전기 기구를 작동하게 해요.

빛 에 너 지 는 주위를 밝게 비추고, **화학 에너지**는 물질 안에 저장되어 있어요.

운동 에너지는 움직이는 물체가, **위치 에너지**는 높은 곳의 물체가 가지고 있어요.

에너지 형태가 바뀌는 것을 에 너 지 전 환 이라고 해요.

광합성을 하는 식물은 태양의 **빛에너지**를 화 학 에 너 지 로 전환해요.

전기다리미는 전 기 에 너 지 를 **열에너지**로 전환해요.

낙하 놀이 기구는 **위치 에너지**를 운 동 에 너 지 로 전환해요.

✦ 독해

1. ❶ 문단 에너지   ❷ 문단 에너지 형태
    ❸ 문단 에너지 전환   ❹ 문단 태양

2. (1) ○   (2) ✕   (3) ✕   (4) ○

✕표 답풀이
(2) 빛에너지는 주위를 밝게 비추는 에너지이다. 물체의 온도를 높이는 에너지는 열에너지이다.
(3) 전기 에너지는 전기 기구를 작동하게 하는 에너지이다. 물질 안에 저장되어 있는 에너지는 화학 에너지이다.

3. ①

정답 풀이
① 태양 전지는 태양의 빛에너지를 전기 에너지로 전환한다.

4. ⑤

정답 풀이
⑤ 1구간에서는 롤러코스터가 높은 곳에서 낮은 곳으로 내려가므로 위치 에너지가 운동 에너지로 바뀐다. 2구간에서는 롤러코스터가 낮은 곳에서 높은 곳으로 올라가므로 운동 에너지가 위치 에너지로 바뀐다.

5.

```
                    에너지
         ┌────────────┴────────────┐
    에너지 형태                  에 너 지 전 환
   - 열 에 너 지              에너지 형태가 바뀌는 것
   - 전기 에너지              예) 광합성을 하는 식물: 태양의 빛에
   - 빛에너지                     너지 → 화학 에너지
   - 화학 에너지                 달리는 사람: 화학 에너지 →
   - 운동 에너지              운 동 에 너 지
   - 위치 에너지
```

6.

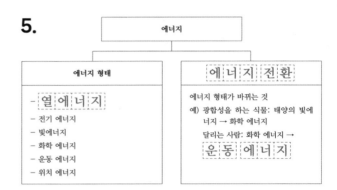

구분	식물	동물	기계
에너지가 필요한 까닭	식물이 살아가는 데 에너지가 필요합니다.	동물이 살아가는 데 에너지가 필요합니다.	기계를 움직이는 데 에너지가 필요합니다.
에너지를 얻는 방법	햇빛을 받아 스스로 양분을 만들어 에너지를 얻습니다.	식물이나 다른 동물을 먹어 에너지를 얻습니다.	전기나 기름 등에서 에너지를 얻습니다.

✦ 어휘

생물은 환경에 적응하여 에너지를 효율적으로 이용해요.

식물은 ｜ 낙 ｜ 엽 ｜을 만들어 에너지 손실을 줄여요.

식물은 ｜ 겨 ｜ 울 ｜ 눈 ｜을 만들어 열에너지 손실을 줄여요.

동물은 ｜ 겨 ｜ 울 ｜ 잠 ｜을 자면서 에너지를 효율적으로 이용해요.

전기 기구나 **건축물**에서도 에너지를 효율적으로 이용해요.

｜ 발 광 ｜ 다 ｜ 이 ｜ 오 드 ｜ (LED)**등**은 다른 전등보다 에너지 효율이 높아요.

｜ 에 너 지 소 비 효 율 등 급 ｜ 은 1등급에 가까울수록 에너지 효율이 높아요.

｜ 이 중 창 ｜ 은 열에너지 출입을 막아 건축물의 에너지 효율을 높여요.

- -

✦ 독해

1. ❶ 문단 에너지　　❷ 문단 겨울잠

　　❸ 문단 전기 기구　　❹ 문단 이중창

2. (1) ✕　(2) ○　(3) ○　(4) ○

✕표 답 풀이

(1) 건축물에 단열재를 사용하면 냉난방에 사용하는 에너지를 줄일 수 있다.

3. ⑤

정답 풀이

⑤ 에너지 소비 효율 등급이 1등급에 가까울수록 전기 기구의 에너지 효율이 높다. 따라서 에너지 소비 효율 등급이 5등급인 제품을 사용하는 것은 에너지를 효율적으로 이용하는 예로 알맞지 않다.

4. ④

정답 풀이

④ <보기>에서 형광등은 전기 에너지의 약 40~50%를 빛에너지로 전환하고, 발광 다이오드(LED)등은 전기 에너지의 약 90%를 빛에너지로 전환한다. 따라서 같은 양의 전기 에너지를 빛에너지로 더 많이 전환하는 전등은 발광 다이오드(LED)등이다.

5.

효율적인 에너지 이용
자원은 한정되어 있기 때문에 에너지를 효율적으로 이용해야 한다.

생물	전기 기구와 건축물
- 식물의 ｜ 낙 ｜ 엽 ｜ - 식물의 겨울눈 - 동물의 ｜ 겨 ｜ 울 ｜ 잠 ｜	- 발광 다이오드(LED)등 - 에너지 소비 효율 등급 - 건축물의 이중창 - 건축물의 ｜ 단 ｜ 열 ｜ 재 ｜

6.

이중창

〈조건〉
1. 주어진 어휘를 모두 넣어 쓰세요.
(건물) (열에너지) (이중창)
2. 한 문장으로 쓰세요.

이중창을 설치하는 까닭	이중창은 열에너지가 건물 밖으로 빠져나가거나 안으로 들어오는 것을 막아 주기 때문입니다.

✦ 융합 독해

1. ⑤

정답 풀이

⑤ 물고기에서 오는 빛이 공기 중으로 나올 때 굴절하여 나온다.

2. ④

정답 풀이

④ 레이저 지시기의 빛이 볼록 렌즈의 가운데 부분을 통과하면 곧게 나아가지만, 가장자리를 통과하면 빛은 두꺼운 쪽으로 꺾여 나아간다. 따라서 빛이 나아가는 모습으로 알맞은 것은 ④이다.

3. ①

정답 풀이

① 볼록 렌즈를 통과한 햇빛이 만든 원 안의 밝기는 주변보다 밝고, 온도도 주변보다 높다. 하지만 평면 유리를 통과한 햇빛이 만든 원 안의 밝기와 온도는 주변과 비슷하다. 이는 볼록 렌즈는 햇빛을 모을 수 있고, 평면 유리는 햇빛을 모을 수 없기 때문이다.

✦ 개념 정리

1. (1) 프리즘
   (2) 빛의 굴절

2. (1) 볼록 렌즈
   (2) 굴절

3. (1) 전기 회로
   (2) 병렬연결

4. (1) 전자석
   (2) 자석의 극

5. (1) 에너지 형태
   (2) 에너지 전환

6. (1) 겨울잠
   (2) 단열재